日本語の事実条件文

―コーパス調査を中心に―

孟 慧

専修大学出版局

日本語の事実条件文

——コーパス調査を中心に——

孟慧

専修大学出版局

まえがき

「私がきれいに掃けと言ったら、生意気だと言ったんです。」

　この文は私は大学の時に使った日本語教科書に出ている例文である。文中の「たら」の用法は新しい文型として習得する必要がある。ここの「たら」の用法は教科書の説明によると「共起」と呼ばれている。当時、この用法を中国語で考えると何となく変だと思った。理解ができなかったので、あまり使わなかった。大学院の受験勉強で専門的な日本語学の本を読み始め、理解できなかった「共起」の文型は現代日本語文法では「事実条件文」と呼ばれていることがわかった。しかし、「条件文」とされていることに何となく違和感を受けた。中国語では、

　只要坚持天天练习，就能学好日语。

　（毎日練習を続けさえすれば、日本語をマスターできる。）

のような "只要…就"（〜しさえすれば…）や "只有…才"（〜してこそはじめて…）など関連語句を用い、前件に提示されている最低条件あるいは必須条件を受けることによって後件の結果が成立し、前件と後件とも事実事態でなく、論理関係を述べる文を条件文とする。教科書の例文を見ると、前件は後件を成立するための最低条件あるいは必須条件であるわけではなく、過去に起こった1回の事実文であるため、この文は中国語では条件文とされないと考えられる。では、このような日本語の条件表現は中国語ではどう扱われているのか、日本語と中国語における

「条件文」の食い違いにより、中国語を母語とする日本語学習者は事実条件文を学習する際に影響されているのかという疑問を持ちながら、日本語の事実条件文を研究し始めたのである。

私は修士論文で、対照研究の視点から、日本語と中国語の複文の体系を比較し、特に日本語の事実条件文に着眼して事実条件文の中国語の複文体系における位置づけを研究した。事実条件文の各用法を中国語の複文の分類にあたって対照して見たところ、中国語文法において日本語の事実条件文は複雑な様相を呈し、「条件文」というより、時間表現に近いということがわかった。この結果を踏まえ、博士後期課程から引き続いて日本語学習者による事実条件文の習得や事実条件と時間表現との関わりについて調査を行った。

近年、コーパスを用いる日本語学や日本語教育の研究は盛んになっている。コーパスとは、実際に使われている文字化された言語データを大量に集めた電子的なデータベースのことである。コーパスには様々な種類がある。日本語コーパス、英語コーパス、学習者コーパス、対訳コーパス、話し言葉コーパス、書き言葉コーパス、歴史コーパスなどあげられる。調査対象や目的に応じてどのコーパスを使うかを決めればいい。条件を先に設定しておいて検索エンジンを使って検索をかければ、ほしいデータを簡単に手に入れることができるので、アンケート調査を取る手間が省ける。また充足したデータ量が得られることもコーパスのメリットの一つである。私は過去の研究で書き言葉コーパス、話し言葉コーパス、作文コーパス、学習者コーパス、対訳コーパスを利用して日本語学習者と日本語母語話者による事実条件文の使用および事実条件文の中国語訳について調査を行った。

　本書は博士学位論文に加筆修正したものである。本書は日本語学と日本語教育学の観点から事実条件文を見て、先行研究を踏まえて事実条件文の新たな分類法を提案する。またコーパスを利用して日本語母語話者と日本語学習者はどのように事実条件文を使っているかを調査・考察する。コーパス調査を通して、日本語母語話者と日本語学習者による事実条件文の使用実態および日本語学習者は事実条件文を上手に使えない原因をある程度まで明らかにした。

　2021 年 1 月　　　　　　　　　　　　　　　　　　　　孟　　慧

目　次

目　次

序章

1 本書の目的

　日本語の条件表現は形式が多く、用法が複雑で困難かつ重要な課題の一つとして従来の研究において多く論じられてきた。条件表現の定義や分類方法については研究者によって見解が異なる。「窓を開けると／開けたら、風が入ってきた。」のような、「たら」「と」によって表されている過去に1回の事態が成立したことを意味する文を事実条件文と定義している研究もあるし、条件文と捉えていない見方も多数ある。また、事実条件文の分類方法について見解の相違も見られる。本書はこれらを事実条件文とする立場を取り、先行研究を踏まえて、事実条件文の性質を確認した上で従来の研究による分類方法を見直し、新たな分類法を提案する。

　日本語の事実条件文は中国語では条件文というより、時間表現に近い存在である。日本語と中国語における条件文の捉え方が違うことによって、中国語を母語とする日本語学習者は事実条件文を学習する際に、理解が妨げられ、習得は困難になると言えるのではないだろうか。また、ほかの言語圏の日本語学習者も同じように母言語の影響を受けているのか。日本語母語話者は実際の使用ではどうなっているのか、など多くの

疑問を持って検証してみたい。本書は、日本語母語話者による事実条件文の使用の考察、日本語学習者による事実条件文の習得状況の考察、時間表現との関連性によって事実条件文の習得に与える影響の考察、日中対照の視点から事実条件文の中国語訳に関する考察という４つの面から複数のコーパスを用いて調査し、日本語母語話者による事実条件文の使用傾向や日本語学習者による使用の特徴や問題点をある程度明らかにする。

　各考察において用いられているコーパスを以下に示す。

　日本語母語話者による事実条件文の使用についての考察：『現代日本語書き言葉均衡コーパス』（BCCWJ）
　日本語学習者による事実条件文の習得状況についての考察：『KYコーパス』と『YNU書き言葉コーパス』
　時間表現との関連性によって事実条件文の習得に与える影響についての考察：『多言語母語の日本語学習者横断コーパス』（I-JAS）
　日中対照の視点から事実条件文の中国語訳に関する考察：『中日対訳コーパス』

２．本書の構成

　本書は次の３つの部分で構成されている。
　第１部　従来の研究における事実条件文
　第２部　コーパスによる事実条件文についての分析と考察

2

第3部　結論

第1部　従来の研究における事実条件文

　第1部では、まず第1章において、先行研究を取り上げて条件表現の定義や分類方法を確認する。従来の研究では事実条件文を条件文とするかしないかについて見解の相違がある。多数の先行研究を参考にした上でその立場を明確にする。本書は事実条件文を条件文の1種として捉えている。

　次に第2章では、先行研究による事実条件文の分類方法を検討する。4つの文献を取り上げ、事実条件文がどのようなタイプに分類されているか内訳をまとめる。4つの文献においては、用法の名称が共通しているものがあるが、詳細に確認したところ、分類の内容に違いが見られる。議論を詳細に整理した上で、第3章では本書による事実条件文の分類法を述べ、事実条件文を「連続」「きっかけ」「発見」「発現」「時」という5つのタイプに分類する。

第2部　コーパスによる事実条件文についての分析と考察

　第2部においては、5種のコーパスを用い、日本語学習者と日本語母語話者の用例を分析し、書き言葉場面と話し言葉場面における事実条件文の使用状況を考察する。

　第4章では、『現代日本語書き言葉均衡コーパス』（BCCWJ）を、コーパス検索アプリケーションの「中納言」を用いて調査し、日本語母語話者の書き言葉場面における事実条件文の5つの用法の使用状況を考察する。また「連続」と「きっかけ」を対象に、特に述語に現れた動詞

に焦点を当てて、前件と後件に現れる述語の数量的分布と意味的な性質の傾向を分析して「と」と「たら」の用法の違いを検討する。

第5章では、『KY コーパス』を使って話し言葉場面で使われる「たら」「と」形式の条件文の用例を採り、用例を用法別に分類し、各タイプの条件文の使用法を数量的に概観する。その上で、日本語学習者によって作られた事実条件文を分析し、日本語母語話者の使用と比較し、特徴と問題点を考察する。また、中国でよく使われる日本語教科書を調べて教科書における事実条件文についての説明の適当性を検討する。

会話における日本語学習者の調査に引き続き、第6章では、『YNU 書き言葉コーパス』を用いて中国語母語話者をメインの対象に、書き言葉場面における使用を調査する。中国語母語話者と日本語母語話者の使用状況を比較し、日本語母語話者が事実条件文を使用し、中国語母語話者は使用していない文脈について考察を行い、中国語母語話者による事実条件文の各用法の使用状況および形式の使用方法の特徴を分析する。その上で、問題点の原因を検討する。

従来の研究では、「過去の1回的な事態連続、事実関係を述べている文」は条件文とされていない。また、事実条件文の前件と後件が条件関係というより事態連続的な時間的順序を表すという。このような事実条件文は時間表現との関連性によって、日本語学習者は両者を混用してしまう可能性があると推測する。そのため、第7章は『I-JAS』を使って実際の作文データを調査し、事実条件文と時間表現が使われる文脈で日本語学習者と日本語母語話者による同一場面における表現を比較して考察を行い、特徴や問題点を分析する。その上で問題点の原因を検討する。

4

　『KY コーパス』の調査結果を踏まえ、事実条件文は中国語で表されると無標形式の場合が多いということが中国人日本語学習者は事実条件文を上手に使えない原因の一つであると推測する。それを検証するため、第 8 章は、先行研究による条件文「と」形式の調査を踏まえ、『中日対訳コーパス』を使って「たら」形式の条件文がどのように中国語訳されているか調査を行う。

第 3 部　結論

　最後に終章において、本書によって明らかになったことを振り返り、今後の課題をまとめる。

第 1 部

従来の研究における事実条件文

第1章

従来の研究における事実条件文の捉え方

1 はじめに

　従来、条件表現の定義や分類は多くの研究者によって盛んに研究されてきた。本章では、諸研究による条件表現の定義や分類方法を詳しく取り上げて、事実条件文が従来の研究ではどのように捉えられているかを確認する。なお、条件表現は順接と逆接に分かれるが、事実条件文と強い関わりがある方は順接条件とされるため、本書では主に順接条件を対象とする。

　従来の研究による事実条件文に関する記述を取り上げる上では、大槻（1890）、山　田（1922a、1922b）、松　下（1928、1930）、阪　倉（1958、1993）、益岡・田窪（1992）、益岡（1993）、蓮沼ほか（2001）、高橋ほか（2005）、日本語記述文法研究会（2008）、前田（2009）、鈴木（2009）、庵（2012）を参照する。なお、従来の条件表現の研究では、松下以後（昭和以後）の研究が引用されることが多いが、本研究では、明治時代に遡って大槻、山田の研究も参照した。

2　先行研究

2.1　大槻 (1890)

　大槻文彦 (1890) は、動詞の変化によって、語気に種々の態度を生ずるとしている。これを「法」といい、「法」には7種があるとしている。そのうちの「接続法」は以下のように説明されている[1]。

　　　此の法は、予想の語句を設けて、他の主とする語句に、接続付加せしむる時に起るものにて、「ば」を加う。そして、其中に、「已に然る」にいうと、「将に然らむとする」にいうと、の別ありて、これを「已然」「将然」という。

　　　已然　　多く書を読めば、能く、智識を増す。

　　　　　　　事を勤むれば、功、成る。

　　　　　　　花、落つれば、実、生ず。

　　　　　　　月をみれば、物を思う。

　　　将然　　多く書を読まば、能く、智識を増さむ。

　　　　　　　事を勤めば、功、成らむ。

　　　　　　　花、落ちば、実、生ぜむ。

　　　　　　　月をみば、物を思はむ。

　　此の已然なるは、意義、一転して、「読むに、」勤むるに、」落つる

---

1)　原文の表記を片仮名から平仮名にした。また、漢字を変換した。

に、」見るに、」などの意をなす¬あり、「善くみれば、誤なりき、」などの如し。又。「読むに因て、」勤むるに因て、」落つるに因て、」見るに因て、」の意をなる¬あり、「智を増すは、書を読めばなり、」の如し。

大槻（1890:26-27）

　ここに記されている通り、古典語では、順接条件文は未然形または已然形に「ば」を続けることによって表される。また、「ば」の使用範囲が広く、原因理由文の形式としても用いられていたことがわかる。大槻による「接続法」について北原・古田（1996）は、「『已然形+ば』（既定条件）を含めて予想とするのは誤りであり、また、接続法には『ば』によるものの他に種々のものがあって、これだけで接続法が尽されるわけではない」（pp.20-21）と指摘している。北原・古田（1996）が述べているように、大槻（1890）『語法指南』による順接条件の記述には、現在の観点から見て適切でないところがあるが、当時これに勝る日本語文法の成書がなかったともされており、明治中期の文法書では順接条件表現の体系がまだ整っていなかったと推測される。

2.2　山田（1922a、1922b）

　山田孝雄による見方は山田（1922a）『日本文法講義』と山田（1922b）『日本口語法講義』を引用する。さらに、山田（1908）『日本文法論』、山田（1936）『日本文法学概論』を参照した。以下では山田による条件表現形式の「ば」「と」「なら」「たら」に関する記述を引用す

る。なお、引用する原文の表記を変えたところがある。

2.2.1　山田（1922a）

　山田（1922a）『日本文法講義』において「ば」は次のように述べられている。

　　　二二二　「ば」は順に続く条件を示すものにして文語には未然形に属して仮設条件を示す時と已然形に属して既定条件を示す時とあり。口語には殆ど已然形に属するもののみなり。
　　「ば」の仮設条件を示すものの例次の如し。
　　　　暴風吹き起りて膚を劈くが如き患なくばこれまことに僥倖のみ。
　　　　風吹かば波たたむ。
　　「ば」の既定条件を示すものの例次の如し。
　　　　水至りて清ければ大魚すまず。
　　　　太陽西に沈めば雲は金色の色なして輝く。
　　　　泰山木の花咲きたれば来りみよ。
　　　この区別は文語にては重要なるものなり。口語にては未然形に附属するものは形容詞にのみ稀に存し、已然形に附属するものを以て仮説条件を示すことあれば、口語の意義を以てすれば文語の意義に変動を生ずるに至る。

山田（1922a：204-205）

　山田（1922a）『日本文法講義』において「と」は次のように述べられ

ている。

　二二九　「と」は口語に用ゐるものにして、同時に存する事件を合
せいふ性質を有し、前句の述語の終止形に附属して之を後句に結合
せしむ。
　「と」の意は本文の如くにして或は条件を示し、或は単に共存の
事実を合せあぐるに止まる。この条件の例、
　　　あまり長いと折れる。
　　　雨がふると涼しくなる。
　　　落ちるとこはれよう。
　　　早く行かぬと間にあはぬ。
　単に共存の事実をあぐるもの、
　　　家へ帰ると日がくれた。
　　　汽車から下りると雨が降って来た。
　　　門に這入ると人が居るぞ。
　この「と」は元来時の意の名詞にして奈良朝頃には廣く行はれ、
平安朝時代にも用ゐられたり。（中略）今日の「と」と殆ど同じも
のなれども、平安朝頃には助詞として用ゐられしものにあらで、
「とき」の意をあらはしたりしものの如し。これより後漸次慣行せ
られ遂に助詞の一となりしものと思はる。

　　　　　　　　　　　　　　　　　　　　山田（1922a：210-211）

　また、山田（1922a）では、「なら」「たら」は「なり」と「た」の活
用の用法の項目で述べられている。文語では、「なり」は説明存在詞と

される。その条件形は「なれ」となる。条件形の「なれ」は次のように用いられる。

　　　好きなればこそ上手になった。　　　　　　　　　山田（1922a：91）

　山田（1922a）によれば、「た」は或は回想を表し、或は決定を表すものとしている。条件形は「たれ」となる。「たれ」の例を示すと以下の通りである。

　　　昨日行ったれば居なかった。　　　　　　　　　　山田（1922a：120）

2.2.2　山田（1922b）

　山田（1922b）『日本口語法講義』において「ば」は次のように述べられている。

　　　一六二　「ば」は順に続く条件を示すもので、条件形につくのが
　　普通であるがある語には未然形にもつく。
　　　「ば」の条件形についた例は次の通りである。
　　　　　長ければ切りませう。
　　　　　よく読めばわかるだろう。
　　　　　時が過ぎれば間に合はぬ。
　　　　　見たければ見せてやらう。
　　　　　誰でも誉められれば嬉しく思ふものだ。

14

> 「ば」の未然形につくのは文語に用ゐる形であるが、口語では形
> 容詞と複語尾では形容詞の形をもっているものと「ぬ」とにある。
> その例
>> 長くば切らう。
>> 来なくばよびにやれ。
>> 見たくば見ろ。
>> 行かずばなるまい。
>
> 山田（1922b：176-177）

　以上のように、山田によれば、順接条件は仮設条件、既定条件に分か
れる。文語では「ば」は「未然形」と「已然形」につくことによってそ
れぞれ仮設条件、既定条件を表す。口語では「ば」のほか、「と」、「た
れば」（たら）、「なれば」（なら）によって順接条件を表す。口語の
「と」には、条件を示す用法と共存の事実を合わせる用法がある。示さ
れている用例から、共存の事実を合わせる用法が現代日本語文法の事実
条件文に該当すると思われるが、山田（1922a）では、条件を示すもの
と区別して扱われているため、条件表現とされていないと考えられる。
形式としては「と」のほかに、「たれば」（たら）によっても表される。
また、山田（1922a）における「と」の用法は、現代日本語の順接条件
を表す「と」とはほとんど同じものであると考えられる。

2.3　松下（1928、1930）

　松下大三郎による順接条件の見方は松下（1928）と松下（1930）を参

照して引用する。

2.3.1　松下 (1928)

　松下 (1928) は条件表現を拘束格と放任格に分類する。拘束格は順接条件に当たり、放任格は逆接条件に当たる。拘束格は松下 (1928) では、「動詞の一格であって他詞の運用に従属してその事件の出現の機会を捉へ、之を遁さない様に拘束把持するものである」と定義されている。前件は後件の事件を生ずるのに必要な機会を成すものである。その機会を逃さないように把持するから拘束格としている。

　松下 (1928) による文語の拘束格は図 1 - 1 に示されているように体系化されている。なお、事実条件の用法は太字で示す。

　松下 (1928) では、拘束格には仮定拘束格と確定拘束格の 2 種がある。仮定拘束格は未然仮定と現然仮定の 2 つに分ける。未然仮定は「其の作用の観念を未然に置いて之を待ち設けるのである」とし、現然仮定

図 1 - 1　松下 (1928) による文語の拘束格

は「其の観念を未然に置いて待ち設けるのではなく、之を現然として仮定するのである」とする。未然仮定拘束格はさらに完了と非完了に分かれる。

　確定拘束格は必然確定と偶然確定との2種に分かれる。必然確定とは前件が後件に対して「因果的関係に在る」とする。偶然確定とは前件が後件に対して「偶然的の倶存関係に在る」とする。偶然確定はさらに小別に分かれる。単純、反予期と対等である。単純とは「次に来るべき事件に対して全く何等の予期を有しない」とする。反予期とは「何等かの予期が有って予期以外の結果を見たことを表すものである」とする。対等とは前件と後件とが並列的な対等の事件である場合を指す。

　文語の拘束格は第一活格または第五活格へ「ば」をつけて示す。未然仮定拘束格は「ば」を第一活段へつける。現然仮定拘束格と確定拘束格とは「ば」を第五活段へつける。松下（1928）では、現然仮定拘束格と確定拘束格とは同じく「ば」を第五活段へつけるが、現然仮定の方が第一義である。確定拘束格は仮定拘束格の延長であって本来の用法ではないとされている。また、口語においては「ば」は確定拘束格には用いないという。

2.3.2　松下（1930）

　松下（1928）と比べると、松下（1930）による拘束格の下位分類は松下（1928）と異なるものがある。その違いは用法の名称にある。松下（1928）と松下（1930）の違いは以下の表で示す。なお、下線を引いているのは松下（1928）による名称であり、（　）は松下（1930）による名称である。

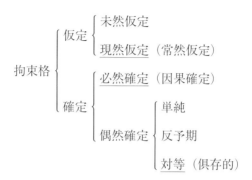

図 1 - 2　松下（1928）と松下（1930）における用法の名称の違い

　この 3 つの用法については、松下（1930）によれば、常然仮定は前件が未来へ仮定するのではなく、「時と関係のないものとして一般時へ仮定する。故にこれを常然仮定という」という。常然仮定は一般の場合について抽象的に言う。時と場合とに拘らない恒久不変の規則を言うとされている。また、因果確定は「因果」が原因と結果の関係を指す。この場合「ば」を体言の出発格助辞「から」に変えても類似した意味になるという。また、倶存的偶然確定は 2 つの事件の並列に用いるとされている。松下（1930）によるこの 3 つの用法の説明に基づき、松下（1928）と比較すると、違いはないと思われる。

　従来の研究では、松下による条件表現の分類について、特に現然（常然）仮定が区別して扱われた研究としては最初のものであり、優れていると評価している[2]。また、松下が条件表現を体系的に把握していることも優れているとも考えられる。

　松下による拘束格の分類の中に、事実条件文に当たるものは、偶然確

定・単純用法である。単純とは「次に来るべき事件に対して全く何等の予期を有しない」と定義されている。文語では、「ば」を第五活段へつけることによって表す。口語では「たれば」「と」が使われる。松下（1930）では、「たれば」「と」の違いについても述べられている。

　　「と」の方は実際的であるから時間的に直ぐな場合に適当である。「たれは」の方は分説[3]の意味が有って主観的であるから時間的には直ぐでなくても善い。

松下（1930:293-294）

御出掛けに<u>なると</u>間もなく御電話でした。
御出掛けに<u>なったら</u>間もなく御電話でした。

（松下（1930）p.293 による用例）

---

2)　矢島（2013:21）は、「山田（1908）等において、已然形+バの表現に〔一般性〕を認める記述がそれぞれ見られるが、いずれも〔一般性〕の性質について特定の定義を与えて、区別していくことに積極的であるわけではない」「松下（1928）は〔一般性〕について、条件表現体系のうちに、積極的に位置づけようとしたものとしては最初ともいえる」と述べている。阪倉（1958:258）は、「おなじく『已然形+ば』の形式を持つものとして、ひとしなみに既定条件表現とされて来たものの中に、意味の上から、この三つ、特に現然（常然）仮定なるものを区別すべきことを注意されたのは、松下博士のすぐれた着眼であった」と述べている。

3)　松下（1930）では「『ば』の発生を述べる際に『分説』が説明される。『ば』はもと『は』である。『は』は『私は』『人は』などの『は』である。『は』にはもと拘束の意義はない。唯題目を提示して彼と此とを分けていふものである。故に之を分説（『も』は合説）」という。

19

2.4　阪倉（1958、1993）

　阪倉篤義は松下大三郎の研究を踏まえて順接条件表現を分類し、歴史的な変遷を見ている。両者の観点に一致するところが多いが、「一般性」の用法に関して食違いが見られた。阪倉による順接条件表現の見方は阪倉（1958）と阪倉（1993）を取り上げる。阪倉（1993）については、矢島（2013）を引用するかたちで述べていく。

2.4.1　阪倉（1958）

　阪倉（1958）では、条件表現について、「ひろく接続表現といわれるものの一種であり、そして、その接続表現とは、二つ（以上）の文によって叙べられた事がらを、ある関係において、一つにとりまとめて表現することである。特に条件表現といわれるものは、この二つの事態のあいだに、多少とも因果的な関係が見られているものである」と述べられている。阪倉（1958）は松下の研究を踏まえ、順接条件表現を「確定

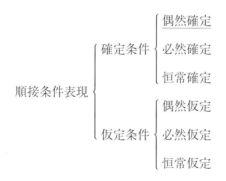

図 1 - 3　阪倉（1958）による順接条件表現の分類

条件」と「仮定条件」に分け、「二つの事態のあいだの因果性認定の強弱」によって、さらに確定条件と仮定条件をいくつかの種類に分類した。阪倉（1958）による順接条件表現の分類をまとめて図1‐3で示す。なお、事実条件の用法を下線で示す。

阪倉（1958）による各用法の説明は以下のように示されている。

確定条件

「偶然確定」については、「二つの事態が、たまたま同時に、あるいは継起的に存在したことを言うにすぎないものであって、その間の因果性は、きわめて微弱なものとしてしか表現せられていない」という。

旅にして妹に古布礼婆ほととぎすわが住む里にこよ鳴きわたる
（『万葉』三七八三）
東の野にかぎろひの立つ見えてかへり見為者月傾きぬ　（同　四八）

「必然確定」については、「前件として述べられた事態が、後件の事態の生起のための原因・理由として作用したという認定にもとづいてなされた表現であるが、明らかなものである。必然確定というのは、このように、明らかに、ある因果性の認識にもとづいての表現であるが、ただこれは、現にそこに生起した事態について特に言われているものである点で、事はなお特殊であり、その因果関係は、一般性に欠けているといわねばならないだろう」という。

……寒く安礼婆麻衾ひき被り……　　　　　（『万葉』八九二）

　　帰りける人来たれりと伊比之可婆ほとほと死にき……

（同　三七七二）

　「恒常確定」については、「（松下）博士が現然仮定（『標準日本口語法』では「常然仮定」）の名をもってよばれた、（中略）その間の因果関係は、すでに個別的な事実をこえ、時をこえる、普遍性を持つものとして認識せられていると考えられる」という。

　　常陸なるなさかの海の玉藻こそ比気波たえすれ……

（『万葉』三三九七）

仮定条件
　「偶然仮定」とは、「二つの事態が、未来時において、同時的または継起的に生起するであろうことを、推量的に述べるものである」という。

　　浜べよりわがうち由可波海べより迎へもこぬか……

（『万葉』四〇四四）

　「必然仮定」については、「すでに二つの事態のあいだの因果関係が明らかに認識されており、ただこれが、その未来時における実現を予想または予定するかたちで、述べられているのである。したがって、これら二つにおいては、前件と後件の陳述は、ともに未成立の事態を予測するという性質のものになって、そこにいわゆる「時の呼応」が認められるかたちをとることになる」という。

　　名毛伎世婆人知りぬべみ……　　　　　　（『万葉』一三八三）
　　なかなかに之奈婆安けむ君が目を見ず比佐奈良婆すべなかるべし
　　　　　　　　　　　　　　　　　　　　　　（同　三九三四）

「恒常仮定」とは、「一つの因果性をもつ事態の存在を、時を超越し、
事実性を越えて、一般的に設定するものである」という。

　　天地の神をこひつつあれば待たむ早来ませ君麻多婆苦しも
　　　　　　　　　　　　　　　　　　　　　　（『万葉』三六八二）
　　……乱るる心言に出でて伊波婆ゆゆしみ　　　（同　四〇〇八）

　矢島（2013）は、阪倉（1958）による順接条件表現の分類法を松下に
よる分類法と比較して次のように述べている。矢島（2013）によれば、
「確定条件の三分類については、松下の偶然確定／必然確定／現然仮定
にそれぞれ該当するとする。一方の仮定条件については、『松下博士は
前二者（矢島注：偶然仮定・必然仮定）を完了性未然仮定といひ、それ
に対して後者（矢島注：恒常仮定）を非完了性未然仮定と名づけられ
た』としている」という。

2.4.2　阪倉（1993）

　順接条件表現の分類の捉え方について、阪倉（1993）では阪倉
（1958）とは異なりがある。両者の相違は矢島（2013）で詳しくまとめ
られている。以下では、矢島（2013）を参考にしてまとめる。
　矢島（2013）は、「阪倉（1993）では、必然仮定は完了性ではなく非

表１-１　矢島（2013）による阪倉（1993）、阪倉（1958）と松下（1928）の対照表
（矢島（2013:28 表２）による）

（古代語例）	已然形＋バ			未然形＋バ		
松下 (1928)	偶然確定	必然確定	現然仮定	未然仮定（非完了）		未然仮定（完了）
阪倉 (1958)	偶然確定	必然確定	恒常確定	恒常仮定	必然仮定	偶然仮定
（現代語例）阪倉1975より	ト・タラ・バ	ノデ・カラ	ト・バ	ト・バ	バ・ナラ	タラ
阪倉 (1993)	偶然確定	必然確定	恒常確定（恒常仮定）	恒常仮定	必然仮定	偶然仮定
（現代語例）阪倉1993より	ト・トコロ・タラ	ノデ・カラ	ト・バ	バ・ナラ		タラ（タナラ）

完了性であると位置づけが改められたわけであり、結果的に松下の考え方と近い捉え方になっているのである」（p.27）と述べている。また、矢島（2013）によれば、阪倉（1958）では、自身の恒常確定と、松下の現然仮定とが対応するとしていたが、阪倉（1993）では、恒常仮定と並列して松下の現然仮定と対応するという。

　矢島（2013）では、阪倉（1993）、阪倉（1958）と松下（1928）の３者の相違が表の形でまとめられている（表１-１を参照）。

　阪倉による順接条件表現の分類では、「偶然確定」について、前件と後件の２つの事態が「たまたま同時に、あるいは継起的に存在した」という。また、前件と後件の間における因果性は、「きわめて微弱なもの」という特徴から、「偶然確定」は事実条件文にあたると判断する。

2.5　益岡・田窪（1992）

益岡隆志・田窪行則（1992）では、条件の表現は、「ある事態と別の事態との依存関係を表す」（p.192）と定義されている。この「依存関係」には、「法則的な依存関係」「偶有的な依存関係」「すでに成立した個別的事態の依存関係」「仮定的な事態の間の依存関係」「反事実的条件」がある。益岡・田窪（1992）による条件の表現の分類を図1－4のように示す。なお、事実条件文の用法を下線で示す。

以下では益岡・田窪（1992）による各用法の説明を引用する。

①法則的な依存関係

法則的な条件表現は、「与えられた条件下では、ある事態が起こることが、必ず別のある事態が起こることを意味するという因果関係の表現である」とされている。

（1）犬が西むきゃ、尾は東。　　　　　益岡・田窪（1992:192（35））

条件の表現

- 法則的な依存関係
- 偶有的な依存関係
- すでに成立した個別的事態の依存関係
- 仮定的な事態の間の依存関係
- 反事実的条件

図1－4　益岡・田窪（1992）による条件の表現の分類

（2）努力すれば必ず報われるものだ。　益岡・田窪（1992:192（37））

②偶有的な依存関係

　偶有的な依存関係を表すものには、ト形とタラ形がある。ト形は話し手が事実として認識している依存関係を表す。一方、タラ形は事態の実現に重きをおいた表現である。動態動詞のタラ形が用いられる場合は、事態の完了性の意味が現れるという。

（3）この商品は、涼しい季節になると売り上げが落ちる。

益岡・田窪（1992:192（39））

（4）もし誰か来たら、すぐに知らせてくれ。

益岡・田窪（1992:193（41））

③すでに成立した個別的事態の依存関係

　ト形とタラ形は、すでに成立した個別的事態についての依存関係を表すこともできるという。類似した表現に、「述語夕形+『ところ』」があると述べている。

（5）書店から出ようとしたら、知っている人の顔が目に入った。

益岡・田窪（1992:193（イ））

（6）花子は、家に帰ると、すぐに友人に電話をかけた。

益岡・田窪（1992:193（ロ））

（7）論文を提出したところ、思いがけなくも受理されてしまった。

益岡・田窪（1992:193（ハ））

④仮定的な事態の間の依存関係

　条件の表現には、ナラ形／「とすれば」「としたら」「とすると」のように、現実から独立した、仮定的な事態の間の依存関係を問題とするものがあるという。

（８）もし住民が一人でも反対するなら、橋一つでも作りはしない。

益岡・田窪（1992:193（42））

（９）もし彼の理論が正しいとすれば、大変なことになる。

益岡・田窪（1992:193（43））

⑤反事実的条件

　益岡・田窪（1992）によれば、条件の表現には、事実と異なる事態を仮定して、それから出てくる帰結を述べるものがあるという。これが「反事実的条件文」と呼ばれている。

（10）もし、私が鳥であれば、あなたのところに飛んでいけるのに。

　　　（事実は、鳥でないので、飛んでいけない）

益岡・田窪（1992:194（46））

（11）彼が来なくてよかった。もし、彼が来ていたら、君と喧嘩に
　　　なっていたかもしれない。　　　　益岡・田窪（1992:194（47））

（12）あの薬を飲んでいたら、いまごろは大変なことになっていたと
　　　ころだ。　　　　　　　　　　　　益岡・田窪（1992:194（48））

　益岡・田窪（1992）は前件と後件の事態にある依存関係によって条件

表現を分類している。そのうち、「すでに成立した個別的事態の依存関係」について、前件と後件がすでに成立した個別的な事実を表す事態であるため、事実条件文にあたると考えられる。

2.6　益岡（1993）

　益岡隆志（1993）では、条件表現とは、「後件（主節）で表される事態の成立が前件（条件節）で表される事態の成立に依存し、かつ、前件が非現実の事態を表すもの」と規定されている。益岡（1993）は、従来の研究で常に論じられてきたレバ形式・タラ形式・ナラ形式・ト形式の4形式を対象としてそれぞれの形式の特徴を考察している。

レバ形式の特徴

　益岡（1993）によれば、レバ形式の中心的な用法は、前件と後件の組合せによって時間を超えて成り立つ一般的な因果関係を表すというものである。一般的な因果関係を表すレバ形式の文のムードは、物事の道理に関する認識を表すという特徴のために、真偽の判断を表すものに限られることになるという。

　　(13) ちりも積もれば山となる。　　　　　　　益岡（1993:2 (1)）
　　(14) 市がくしゃみをすれば市民が風邪をひく。　益岡（1993:3 (3)）

タラ形式の特徴

　タラ形式の文の特徴は、個別的事態間の依存関係を表す点にある。す

なわち、前件で時空間の中に実現する個別的な事態を表し、後件でその実現に依存して成立する別の個別的事態を導入する、というものであるという。タラ形式の文には、レバ形式の文に見られるような文末のムードに関する制約がないと述べている。

(15)　教授のハンコもらっていたら用はすむから、……。

益岡（1993:4（11））

(16)　いい人がいたら外部からも入れたい。　　益岡（1993:4（14））

ナラ形式の特徴

　ナラ形式の文の特徴は、前件で、ある事態が真であることを仮定し、それに基づいて後件で、表現者の判断・態度を表明するという点にあるという。ナラ形式の文の顕著な特徴は、表現の重点が後件にあることであるとされている。また、ナラ形式の文においては、レバ形式の文、タラ形式の文に比べて、前件と後件の間の結びつきが弱い、前件と後件が相互にかなり独立的であるという。

(17)　早くつくれというのなら、三点セットの回答を早く出しましょう。
　　　　　　　　　　　　　　　　　　　　　　益岡（1993:11（40））

(18)　クロアチア、スロベニア両共和国が平和的交渉で独立を実現するなら承認する……。　　　　　　　　益岡（1993:12（42））

ト形式の特徴

　益岡（1993）によれば、日本語の条件表現の骨格部分は、レバ形式、

タラ形式、ナラ形式の3本柱で構成されるという。ト形式が他の条件表現と同列に扱われていない。ト形式は「その表現の一部が派生的に条件表現を作り上げるに過ぎない」（同:14）、「条件表現の少なくとも骨格部分からは外れることになる。ト形式の文は、並列の表現につながるものであり、かつ、主として現実的な事態を表すものなのである」（同:17）とされている。

　益岡（1993）によれば、ト形式の文の基本は、前件と後件で表される2つの事態の一体性を表す点にある。前件で表される事態と後件で表される事態とが継起的に実現するものとしてわかちがたく結びついていることを表す、広義の順接並列の表現の一つであるということであるという。また、ト形式の文の中心的用法は、非現実の事態ではなく、現実に観察された事態を表現するものであるという。ト形式の文が現実に観察された事態を表す場合、具体的には、個別的な事態を問題にする場合と、反復される事態を一般化して捉える場合に分けられている。

（19）研究室に戻ってくると蟻巣川主任教授から電話がかかってきた。

益岡（1993:14（51））

（20）太郎は酒を飲むと歌を歌う。　　　　　　益岡（1993:14（56））

　以上をまとめると、益岡（1993）は、レバ形式・タラ形式・ナラ形式・ト形式の4形式の特徴をそれぞれ述べている。「個別的な事態を問題にする場合」において使われるト形式は「条件表現の少なくとも骨格部分からは外れる」「派生的に条件表現を作り上げるに過ぎない」とされている。そのため、益岡（1993）では、事実条件文は条件表現とさて

いないと考えられる。

2.7　蓮沼ほか（2001）

　蓮沼昭子ほか（2001）『日本語セルフマスターシリーズ 7　条件表現』
は、外国人日本語学習者向けの条件表現の学習のための書籍である。蓮
沼ほか（2001）では、条件文、理由文、逆接の文が条件表現とされてい
る。そのうちの条件文の用法は「仮定条件」「一般的な条件・事実的な
条件」「「なら」を使った条件表現」「「ては」を使った条件表現」という
4 つのセクションに分けて述べられている。条件文の基本的な形式に、
「ば」「たら」「と」「なら・のなら」「ては」があるという。蓮沼ほか
（2001）による条件表現の分類を示すと図 1 - 5 のようになる。なお、事
実条件文にあたるものは下線で示されている。

　以下では、蓮沼ほか（2001）による条件文の各用法の定義や使用形
式、用法を取り上げる。（①〜④）

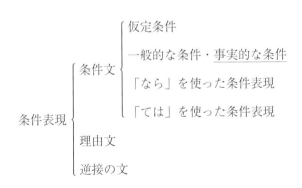

図 1 - 5　蓮沼ほか（2001）による条件表現の分類

①仮定条件

　仮定条件とは、ある出来事が起こった場合を仮定して、自分の考えや相手への働きかけを表現するものである。仮定条件は「ば」「たら」によって表され、さらに6つのタイプに分かれる[4]。

②一般的な条件、事実的な条件

　一般的な条件とは、2つのことがらが自然の法則や社会の習慣など、広く知られているような知識に基づいて表現されるものである。一般的な表現は「一般的・習慣的関係」「現実に即した状況」に分かれて述べられている[5]。

---

　4)　仮定条件はさらに以下で示しているように6つのタイプに分かれる。
　　a. ば　予想する表現
　　　（21）春になれば、もう少し暖かくなるだろう。
　　b. ば　いろいろ制限
　　　（22）時間があれば、本の整理を手伝ってください。
　　c. たら　仮定的な状況の設定
　　　（23）受け付けの人に聞いたら、親切に教えてくれるよ。
　　d. たら　行為が成立する状況の設定
　　　（24）冷凍食品は、袋を開けたら、最後まで使い切ってください。
　　e. ば・たら　Xが事実の文
　　　（25）ここまで来れば、後は一人で帰れます。
　　f. ば・たら　事実に反する条件文
　　　（26）お金があれば買えるのに。
　5)　蓮沼ほか（2001）では、一般的な表現は以下のように用法を分けている。
　　a　ば・と　一般的・習慣的関係
　　　（27）体温が上がると汗が出る。汗が出ると体温が下がる。
　　b. と　現実に即した状況
　　　（28）その角をまがると、右手に郵便局があります。

　事実的な表現とは、現在あるいは過去に実際に起こった2つのことがらの関係を表すものであるという。事実的な条件表現はさらに3つに分けられている。

　a.　と・たら　発見の状況

　　（29）　ドアを開けると、父が倒れていた。

　b.　と・たら　きっかけ

　　（30）　兄が殴ると、弟は泣き出した。

　c.　と　動作の連続

　　（31）　男はポケットから鍵を取り出すと、ドアを開けて部屋に入った。

③「なら」を使った条件表現

　「なら」には、聞き手の気持ちを表す用法や、名詞に直接続いて主題を表す用法など、特別な使い方があるという[6]。

④「ては」を使った条件表現

　「ては」は仮定条件を表す用法と、ことがらの反復を表す用法があるという[7]。

　以上に、蓮沼ほか（2001）による条件文の分類を取り上げた。蓮沼ほか（2001）による条件文の分類では「事実的な表現」が事実条件文にあたると思われる。そして「事実的な表現」は「発見の状況」「きっかけ」「動作の連続」という3つの用法に分けられている。この3つの用法についてはまた次章で詳しく紹介する。

2.8　高橋ほか（2005）

　高橋太郎ほか（2005）は、条件節を「主文でのべるできごとやありさ
まの成立や発見の条件をあらわすつきそい節を条件節という」（p.266）
と定義している。高橋ほか（2005）によれば、条件節の用法には図 1 -
6 で示しているような 7 つの場合があるという。なお、事実条件文は下
線で示されている。

　以下で高橋ほか（2005）による各用法の説明を取り上げる（①〜⑦）。

---

6)　蓮沼ほか（2001）では、「なら」の使い方は以下のように示されている。
　a.　なら　聞き手の気持ち
　　（32）「明日のコンサートに行くことにしたよ。」
　　　　「あなたが行くなら、私も行くわ。」
　b.　なら　話題の引き継ぎと提示
　　（33）「山本さん、そろそろ家賃を払っていただきたいんですが。」
　　　　「家賃なら、昨日銀行に振り込みましたよ。」
　c.　するなら　未来の予測を表す
　　（34）今月末に引っ越しするなら、そろそろ挨拶にくるはずだ。
　d.　なら　仮定を表す
　　（35）今、電話であの人に好きだと告白したなら、きっと驚いてしまうだろう。
　e.　なら　複雑な推論
　　（36）どうせ落第するなら、あんなに努力するんじゃなかった。
　f.　のなら　ナラの意味を強める
　　（37）「明日のコンサートに行くことにしたよ。」
　　　　「あなたが行くのなら、わたしも行くわ。」
7)　蓮沼ほか（2001）では、「ては」の使い方は以下のように示されている。
　a.　ては　仮定条件
　　（38）私がこうしてそばにいては、この子も勉強に集中できないでしょう。
　b.　ては　反復
　　（39）和子は何度も振り返っては手を振り、駅の方へ歩いて行った。

仮定条件をあらわすばあい

反現実の仮定条件をあらわすばあい

予定的な条件をあらわすばあい

条件節 一般的な条件をあらわすばあい

過去の個別的な条件をあらわすばあい

状況語節になるばあい

「するとする」「したとおもうと」

図1-6　高橋ほか（2005）による条件節の用法の分類

①仮定条件をあらわすばあい

　仮定条件を表す場合、つきそい節の述語が「すれば」「したら」「するなら（したなら）」の形をとる。

（40）もし、田中さんがこられれば、そのことをつたえておきます。

（41）あした雨がふったら、授業の用意をして学校へきなさい。

（42）わたしについてくるなら、きびだんごをやるし、ついてこないなら、やらない。

②反現実の仮定条件をあらわすばあい

　反現実の仮定条件を表す条件節のつきそい節は述語が「すれば」「したら」の形をとる。

（43）きのうくれば、おみこしをかつがせてやったのに、おしいこと

をしたね。

(44) もう1日雨がふったら、大水になるところだった。

　また、過去の反現実の仮定を表すときは、「していれば」「していたら」の形になることが多いという。

(45) かれにあっていれば、いろんなところへ案内してくれたであろう。

(46) 子どものときにおぼえていたら、いまごろ苦労しなくてもよいのになあ。

③予定的な条件をあらわすばあい

　高橋ほか（2005）は、予定的な条件を表す場合について、「未来の個別的な条件のなかで、あるていど予定されていることがらについては、条件というよりは、時間をあらわしているといったほうがよいばあいがある」（p.267）と述べている。

(47) むこうについたら、電話してくれ。

④一般的な条件をあらわすばあい

　つきそい節の述語が「すれば」「すると」「したら」の形をとると、一般的な条件を表すことができるという。

(48) このごろは、スーパーマーケットへいけば、なんでもそろう。

（49）春がくると、花がさきます。

なお、「すれば」は過去の個別的な条件を表すことができないが、一般的な条件なら、過去のことでも表せるという。

（50）むかしは、このあたりでも、1歩そとへでれば、たんぽがみられた。

⑤過去の個別的な条件をあらわすばあい

　高橋ほか（2005）では、過去の個別的な条件を表す場合は、つきそい節の述語が「すると」「したら」の形をとるとされている。この場合、「事柄的な関係としては、きっかけをあらわすことがおおい。また、それが発見のきっかけであることもおおい」（p.268）と述べている。

（51）ふたをあけると、ゆげがぱあっとまいあがった。
（52）おれが「コラッ」とどなったら、子どもたちは、一目散ににげていった。

　また、発見のきっかけの場合が、過去の個別的な条件の用法のなかで、2つの事柄の偶然的な出会いを表すものは、ふつうつきそい節と主節の述語動詞のアスペクト形式が異なっているという。

（53）わたしたちが山門をはいると、ぼうさんがにわをはいていました。

（54）ぼくたちがひろばであそんでいると、とつぜんどこかでドカン
　　　というおおきなおとがしました。

⑥状況語節になるばあい

　条件形の動詞が主語をともなわず、状況語節になることがあるという。

（55）春になると、こおりがとける。
（56）５時になったら、みんなかえります。

⑦「するとする」「したとおもうと」

　「するとする」「したとする」

　「する（した）とする」は仮定をあらわす動詞で、「する（した）とすれば」「する（した）としたら」「する（した）とすると」など、「する（した）とする」がどの条件の形をとっても、仮定を表すという。また、「する（した）とする」「する（した）とせよ」のようないいおわりの形でも仮定を表すことができるという。

　「したとおもうと」

　つきそい節の述語が「したとおもうと」「したとおもったら」でむすばれる文は、２つの事柄があいついで起こることや、２つの事柄が両方とも起こることを表すという。「するとする」が文法的くみあわせ動詞であるのに対して、「おもうと」は、つきそい接続詞であるとされている。

　高橋ほか（2005）は、事実条件文を「過去の個別的な条件」としている。これは「と」と「たら」によって表される。事実条件文に関する事柄的な関係について、きっかけを表すことが多い。また、それが発見のきっかけであることが多いと述べている。また、発見のきっかけの場合、2つの事柄の偶然的な出会いを表すものは、ふつうつきそい節と主節の述語動詞のアスペクト形式が異なっているという特徴があるとする。

2.9　日本語記述文法研究会（2008）

　日本語記述文法研究会（2008:93）によれば、ある事態が、別の事態を引き起こすことがある。こうした関係を表す文を条件文という。その従属節が条件節であり、条件節には、順接条件節、原因・理由節、逆接条件節があるとしている。

　条件節のうちの順接条件節については、定義、分類は以下のように示されている。

　日本語記述文法研究会（2008）による順接条件とは、ある事態が別の事態を引き起こすことを予測する表現である。順接条件は原則として仮定的な因果関係を予測する表現である。順接条件を表す基本的な形式には、「ば」「たら」「と」「なら」がある。順接条件文の従属節を順接条件節という。順接条件節のタイプは「基本的なタイプ」「発言の前置き」「そのほかの用法」の3つに分けられる。日本語記述文法研究会（2008）による順接条件節の分類を図1-7のようにまとめた。なお、事実条件は下線で示した。

図1-7　日本語記述文法研究会（2008）による順接条件節の分類

　以下では、日本語記述文法研究会（2008）による各用法の説明を取り上げる。

　日本語記述文法研究会（2008）によれば、順接条件節の基本的なタイプには仮説条件文、反事実条件文、一般条件文、反復条件文、事実条件文の5種がある。それぞれの定義と用例は以下のように示されている。

　仮説条件文は、まだ起こっていない事態の仮定的因果関係を予測する条件文である。

（57）この薬を飲めば、熱が下がるだろう。

　反事実条件文は、原因も結果も事実に反する事態であり、現実とは逆の事態が起こっていれば別の結果が起こったであろうということを予測する条件文である。

（58）この薬を飲めば、熱が下がったのに。

　一般条件文は、因果関係が一般的に常に成立することを示す条件文である。

（59）解熱剤を飲めば、熱は下がる。

　反復条件文は、反復的な因果関係を表す条件文である。

（60）私は、この薬を飲めば、熱が下がる。

　事実条件文とは、原因も結果も事実である条件文であるという。

（61）薬を飲んだら、熱が下がった。

　発言の前置きとは、順接条件節は「思う」「考える」「言う」などの思考や発言を表す動詞に接続して、発言の前置きとして機能する場合である。

（62）思えば、あなたとの付き合いもずいぶん長くなりましたね。

（63）考えてみれば、この何年も映画を見ていない。

（64）どちらと言ったら、私は犬より猫が好きです。

　順接条件節のそのほかの用法には、並列・列挙、評価のモダリティ、行為要求のモダリティがある。複合格助詞、接続表現、副詞的表現となる場合もあるという。

（65）男もいれば女もいる。（並列・列挙）

（66）帰ればいい。／帰ったらいい。／帰るといい。（評価のモダリティ）

（67）帰れば？／帰ったら？（行為要求のモダリティ、評価のモダリティ）

（68）名詞＋によれば／によると、にしてみれば／にしてみたら（複合格助詞）

（69）そうすれば／そういえば／ひょっとすると／もしかしたら（接続表現）

（70）ことによったら／いうなら／本当なら（副詞的表現）

　日本語記述文法研究会（2008）では、事実条件文については、「条件文が、過去に1回の事態が成立したことを意味する場合がある。このような条件文を事実条件文という」（p.108）と規定されており、「たら」「と」によって表される。日本語記述文法研究会（2008）によれば、事実条件文には4つの場合がある。

①同じ主体の動作の連続を表す場合

　　(71) 冷蔵庫を開ける<u>と</u>、ビールを取り出した。

②従属節と主節の主体が違い、従属節の事態が主節の事態を引き起こす
　きっかけを表す場合

　　(72) 妹が泣き出し<u>たら</u>、兄は何も言えなくなった。

③従属節の動作をきっかけにして、主節の状態を従属節の主体が発見す
　るという意味を表す場合

　　(73) 道をまっすぐ行く<u>と</u>、右手に郵便局があった。

④従属節が動作の継続状態を表し、主節がその最中に起こった事柄を表
　す場合

　　(74) 音楽を聴いてい<u>たら</u>、宅配の人が来た。

　事実条件文のこの４つの用法についての詳しい紹介は第２章「先行研
究による事実条件文の用法」に譲りたい。

2.10　前田（2009）

　前田直子（2009）は複文を、述語を中心として構成される複数の節同士がどのような関係を持つかによって図１‐８のように分けている。また、連用節のうちの副詞節を図１‐９のように意味的に分類している。

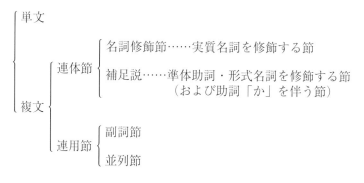

図１‐８　前田（2009）による複文の分類

単文

複文
連体節
名詞修飾節……実質名詞を修飾する節
補足説……準体助詞・形式名詞を修飾する節
（および助詞「か」を伴う節）
連用節
副詞節
並列節

副詞節
「論理文」…①条件　②原因・理由　③逆条件　④逆原因
「状況文」…⑤目的　⑥同時進行　⑦様態　⑧時　⑨逆説　⑩順接　⑪並列
並列節

図１‐９　前田（2009）による副詞節の意味的分類

　「①条件」については、前田（2009）では用法の分類と接続辞の使い分けは表1 - 2のように示されている。なお、事実条件文の用法を太字で示す。

(75)　①「いいお店ですね。ちっとも知りませんでした。明子さんのお店なら、是非、オープンの時に伺いましたのに……」（午後の恋人）

(76)　②なぜ、母親の私にまで内緒にしていたのか。もし、打ち明けてくれれば、せめて、ちゃんとしたお医者で手術を受けることができたのに、残念でなりません。（午後の恋人）

(77)　③彼女を失ったら、僕は自殺するかもしれないんです。（午後の恋人）

(78)　④ここまでくれば、あと一週間ほどで、花を開くだろう。（崖）

(79)　⑤私は、戦後、六三制、男女共学の中で育ってきたわ。そして、それが当たり前だと思っていた。女だって、能力と希望があれば、男と同じように遇してもらえる。そうじゃないことがあるなんて、考えても見なかった。（贈る言葉）

(80)　⑥私は本を手にいれたときは、外箱などあれば必ず取って捨て去ることにしている。（どくとるマンボウ航海記）

(81)　⑦並んで椅子にかけると、浩之はボーイを呼んで、コーヒーを注文した。（午後の恋人）

(82)　⑧佐沼が帰って行くと、山代大五はベッドに仰向けに横たわった。（崖）

(83)　⑨夜、お袋と食事をしていると、電話があった。（窓を開けま

表1-2　前田（2009）による条件接続辞の用法の分類表

			レアリティー 前件	レアリティー 後件	No.	なら	ば	たら	と
条件的用法	仮定的	事実的	事実	反事実	①	○	×	×	×
		反事実	反事実	反事実	②	○	◎	◎	■
		仮説	仮説	仮説	③	◎	◎	◎	○
	多回的	事実的	事実	仮説	④	○	○	○	○
		一般・恒常	(不問)	(不問)	⑤	×	◎	■	○
		反復・習慣			⑥	○	◎	■	○
	一回的 様々な状況	連続	事実	事実	⑦	×	△	△	◎
		きっかけ			⑧	×	○	◎	◎
		発現			⑨	×	△	◎	◎
		発見			⑩	×	○	◎	◎
非条件的		並列・列挙			⑪	○	◎	×	×
		評価的用法			⑫	×	◎	◎	○
		終助詞的用法			⑬	×	○	○	×
		後置詞的用法			⑭	△	○	○	○
		接続詞的用法			⑮	○	○	○	○

◎＝使用が十分に可能
○＝一定の用例があり、使えると判断できる
■＝不可能ではないが、用例はほとんどない
△＝近い用例はあるが、制限がある
×＝使えない

すか？）

(84)　⑩いまから考えると変な客でしたね。（人間の証明）

(85)　⑪一人も患者がこない日もあれば二十名以上の日もあった。

（どくとるマンボウ航海記）

(86)　⑫「やってごらんなさい」「できませんよ」「ただ玉に当てれば
いいんです」（崖）

(87)　⑬「…ええこと、ちっともない」「おいしいものでも食べれ
ば？」

（窓を開けますか？）

(88)　⑭なにしろベール・フィリップといえば、パリでも一流中の一
流のデザイナーで、帝王の仇名をほしいままにしている。（午
後の恋人）

⑮接続詞的用法として取り上げられているものには「考えてみれば」
「いざとなると」「だったら・でしたら」「それなら」などがある。

　前田（2009）は表1-2の⑦〜⑩の用法を「非仮定的条件文」と呼ん
でいる。非仮定的条件文は主に「と」「たら」によって表される。形式
的な違いによって以下の4つに分かれている。分類の基準となるのは、
前件と後件の主体の異同と、前件後件の述語の形（「る」形対「ている」
形）の違いであるとする。前田（2009）による非仮定的条件文の分類を
示すと以下のようになる。

　①連続（Aは〜すると〜した。）とは、同一主体による動作が連続す
　　る場合である。

②きっかけ（Aが〜するとBが〜した。）とは、異主体による動作が連続する場合である。

③発見（Aが〜するとBが〜していた。）とは、前件動作により後件の状態が発見される場合である。

④発現（Aが〜しているとBが〜した。）とは前件の継続的状態が存在している時に後件が発生する場合である。

　前件も後件もいずれ事実であり、過去1回の事態を述べるという特徴から、非仮定的条件文が本研究の研究対象となる事実条件文に当たると判断される。非仮定的条件文の4種の分類についての「と」「たら」の使い分けは、前田（2009）では詳しく述べられているが、本章では要点だけを取り出した。詳しい説明はまた次章で紹介しい。

2.11　鈴木（2009）

　鈴木義和（2009）では、条件文とは何かということについて検討している。従来の研究においては、条件文に関わる典型的に重要であると考える4つのタイプの文が取り上げられている。この条件文に関わる4つのタイプの文は以下のように示される。

①仮定（前句事態が成立するか否かが未定・未知である場合と前句事態が反事実である場合）

（89）この試合に勝てば、決勝進出が決まる。

（90）もし山田さんが来たら、この本を渡してください。

　（91）　あの試合に勝っていれば、決勝に進出していたのに。

②一般（恒常的・一般的に後句事態が前句事態に伴って成立する場合）

　（92）　ガラスのカップをコンクリートの床に落とせば、割れてしまう。

　（93）　アンモニア水にフェノールフタレインを加えると、赤紫色になる。

③事実（前句事態の成立に伴って後句事態が成立することが過去に一回生じた場合）

　（94）　家に帰ると、親戚の人が集まっていた。

　（95）　窓を開けたら、蚊が入ってきた。

④原因（後句事態の成立が前句事態を原因とする場合）

　（96）　雨が降ったので、試合は中止になった。

　（97）　お腹が減ったから、カレーを食べた。

鈴木（2009:70）

　鈴木（2009）は、①仮定と②一般を条件文の基本的なあり方としている一方、既定の事実間の事態関係を表す③事実と④原因タイプを条件文としていない。

　鈴木（2009）では、「窓を開けたら、蚊が入ってきた」のような文は、「事実関係を表す文」と呼ばれており[8]、「窓を開けたので、蚊が入ってきた」のような原因理由文とともに、条件文とされていない。鈴木（2009）によれば、「これらの文は、過去の一回的な事態連続、事実関係を述べている文である。どちらの文でも、『窓を開けた』というのは、

仮定条件文（前句事態が成立するか否かが未定・未知である場合と前
　　　　　句事態が反事実である場合）

一般条件文（恒常的・一般的に後句事態が前句事態に伴って成立する
　　　　　場合）

事実的条件文（条件節 P の表す事態タイプに当てはまる事態が現に成
　　　　　　立している場合）

過去の反復関係を表す条件文（過去において繰り返し生じた事態関係
　　　　　　　　　　　　を語る場合）

決定条件文（前句の事態はある一定の時間が経過すれば必ず実現する
　　　　　　ことであって、その時点になって事態が成立した時には
　　　　　　後句の事態も成立する、という意味を持つ文）

図 1-10　鈴木（2009）による順接条件文の用法の分類

現実世界で成立した特定の事態そのものに対応したものであり、事態の
タイプを示すものではない」（p.84）、ということであり、条件文とし
ない理由とする。

　鈴木（2009）は先行研究での条件文の規定の仕方をまとめた上で、自

---

8)　このような過去の一回的な事実関係を表す文は、従来の研究では「事実的条件文」
　　「事実的用法」（蓮沼による）などと呼ばれている。鈴木（2015）は、このタイプの文
　　の名称が不適切であると指摘している。鈴木（2015）によれば、「このような過去の
　　一回的な事実関係を表す文を「条件文」と呼ぶのは適切ではなく、また、このような
　　文の表しているものは事実そのものであって、これを事実「的」と呼ぶことも適切で
　　はないと考える」（p.28）という。

身の立場を述べている。順接条件文の用法を図 1 -10 で示されているように 5 つのタイプに分けている。

　鈴木（2009）では、「過去の一回的な事態連続、事実関係を述べている文」は条件文とされていない。事実関係を表す文と呼ばれている。また、鈴木（2009）では、「事実的条件文」という用法が存在している。この用法は、「窓を開けたら、蚊が入ってくるぞ。」（鈴木（2009:84））のような、前件の表す事態が現に成立している場合のものである。

2.12　庵（2012）

　庵功雄（2012）は、因果関係を表す複文について見ている。因果関係を表すものは論理文と呼ばれ、前件が仮定的か事実的か、前件と後件の関係が順接的か逆接的かという基準によって条件、原因・理由、譲歩（仮定的逆接）、逆接（事実的逆接）に分けられている。順接条件は、庵（2012）では「条件」とされている。条件文は「条件を表す文を条件文」（p.211）と規定されている。この「条件」に以下の 5 つの種類があるという。庵（2012）による条件文の各用法を図 1 -11 および以下にまとめる。（①〜⑤）

①仮定条件
　「仮定条件」は最も典型的な条件とされており、前件の真偽が不明な場合に使われる。表現形式としては、「ば」「たら」は使えるが、「と」は使えない。なお、仮定条件では「もし」が使える。

```
        ┌ 仮定条件
        │ 反事実的条件
    条件 ┤ 確定条件
        │ 恒常的条件
        └ 事実的条件
```

図 1-11　庵（2012）による「条件」の分類

（98）この薬を { 飲めば／飲んだら／？飲むと } 治りますよ。

　また、「なら」は「ば」「たら」とは異なる関係を表すことがある。「たら」が用いられる仮定条件の文は、前件と後件の時間関係が「前件→後件」となっている。一方、「なら」形式の仮定条件の文は、前件と後件の時間関係はどちらが先でもかまわないという。

（99）a.　大阪へ行くなら、新幹線で行った方がいいよ。
　　　b.　*大阪へ行ったら、新幹線で行った方がいいよ。

②反事実的条件
　前件が偽である条件は「反事実的条件」と呼ぶ。反事実的条件は「ば」「たら」「なら」は使えるが、「と」は使えないとしている。

（100）あのとき彼が助けていなければ、彼女は死んでいた。

③確定条件

　前件が真になることがわかっている条件を「確定条件」と呼ぶ。この場合、前件が起こることは必然であるが、まだ起こってはいない。「ば」「たら」は使えるが、後件が述べ立て以外のモダリティを持っている場合は「たら」しか使えない。

　　　（101）（*もし）明日に { なれば／なったら } 雨も止むでしょう。
　　　（102）（*もし）10 時に {*なれば／なったら } 出発しましょう。

④恒常的条件

　P のときはいつも Q になる、P のときは Q であることが多いという関係の条件は「恒常的条件」と呼ばれている。庵（2012）によれば、恒常的条件では、最も使われるのは「と」であり、「たら」も使われるが、「ば」はあまり使わない。「なら」は使えない。「もし」も使えない。

（103）水は（*もし）0℃に { なると／なったら／なれば } 凍る。
（104）人は年を { とると／？とったら／？？とれば }、頑固になる。

また、「と」の場合、Q に述べ立て以外のモダリティは来ないという。

（105）お金が {*なくなると／なくなったら } いつでもうちに来なさい。

⑤事実的条件

　また、庵（2012：215）は、「前件が既に実現し、事実となっている条件文がある。こうした条件文を事実的条件という」と述べている。また、事実的条件文は次のように理由文と置き換えることができるとする。

　（106）ここまで来れば、もう大丈夫だ。
　（107）ここまで来たのだから、もう大丈夫だ。

　庵（2012）による「事実的条件」用法の説明から、庵は鈴木（2009）と同じ立場に立っているということがわかる。本研究の研究対象となる事実条件文については、庵（2012：215）によれば、「『〜と』『〜たら』には次のように条件を表さないものがあります」という。

　（108）窓を { 開けると／開けたら }、富士山が見えた。
　（109）太郎は部屋に { 入ると／？？入ったら }、すぐに電気をつけた。

　また、「〜と」についてはこちらの方が基本的であると述べている。

　以上で見てきた従来の研究において、日本語の順接条件表現は大よそ形式的分類と意味的分類に分けられる。これまで取り上げた先行研究においてほとんどが意味的な分類であるが、益岡（1993）は、順接条件表現を形式的に分類し、条件表現の研究で常に論じられるレバ形式・タラ形式・ナラ形式・ト形式の４形式の特徴を述べている。

　事実条件の捉え方について、大槻（1890）、松下（1928、1930）、阪倉（1958、1993）、益岡・田窪（1992）、蓮沼ほか（2001）、高橋ほか（2005）、日本語記述文法研究会（2008）、前田（2009）は、事実条件を条件表現の一つの用法とする扱い方を捉えている。山田（1922a）、益岡（1993）、鈴木（2009）、庵（2012）は、事実条件を条件表現としないように扱っている。山田（1922a）は、「単に共存の事実を合せあぐるに止まる」ものとしている。益岡（1993）では「個別的な事態を問題にする場合」において使われるト形式は「条件表現の少なくとも骨格部分からは外れる」「派生的に条件表現を作り上げるに過ぎない」と述べられている。鈴木（2009）では、「事実関係を表す文」と呼ばれている。また、庵（2012）では、「条件を表さないもの」として扱われる。条件文とされない理由について、鈴木（2009）では、「これらの文は、過去の一回的な事態連続、事実関係を述べている文である。（中略）現実世界で成立した特定の事態そのものに対応したものであり、事態のタイプを示すものではない」（p.84）と説明されている。いわゆる、「条件関係の基本的な性質」（鈴木 2009：74-76）を満たさないため、「窓を開けたら、蚊が入ってきた」のような文は条件文ではないと考えたのであろう。また、日本語記述文法研究会（2008）では、順接条件とは、「ある事態が別の事態を引き起こすことを予測する表現である」と定義されている。この定義に基づくと、事実条件文は順接条件の用法としての資質に欠けていると考えられる。一方、益岡・田窪（1992）では、条件の表現は、「ある事態と別の事態との依存関係を表す」（p.192）と規定されている。益岡・田窪（1992）によれば、この「依存関係」に「法則的な依存関係」「偶有的な依存関係」「すでに成立した個別的事態の依存関係」

「仮定的な事態の間の依存関係」「反事実的条件」がある。事実表現は「すでに成立した個別的事態の依存関係」とされている。益岡・田窪（1992）を踏まえて事実条件文を考えると、従属節と主節に依存関係が存在するなら、条件文の定義に満たす。事実条件文の主節の事態は従属節の事態を依存する。以上から、事実条件文は条件文であると解釈できる。本書の立場は、「窓をあけたら、風が入ってきた」のような、「と」または「たら」によって表される過去に1回事態の成立を意味するものを条件文の一種とし、このような文を「事実条件文」と呼ぶ。

第2章
先行研究による事実条件文の用法

　第1章では、従来の研究における事実条件文の捉え方を述べた。第2章では、第1章で取り上げられている先行研究から事実条件文に関する記述の詳しいものを取り上げて各研究による分類方法や各用法の特徴を述べる。参考にする先行研究としては、豊田（1978、1979a、1979b、1982）、蓮沼ほか（2001）、日本語記述文法研究会（2008）、前田（2009）の4説を取り上げる。

1　各説における事実条件文の分類

1.1　豊田（1978）

　豊田豊子（1978）は、「と」の働きと機能によって「と」の用法を分類している。「と」の働きについては、「前件と後件にどのようにかかわっているか。前項の主語の動作・作用は、後項の主語の動作・作用とどのような関係にあるか」（p.31）という観点から考えている。一方、「と」の機能については、「文末が現在形であるか過去形であるか」とい

う観点から考えている。このような考え方で、接続助詞「と」が用いられている文が下記のように分類されている。

1．連続を表す「と」
2．発見をみちびく「と」
3．後件の行われる時を表す「と」
4．後件の行われるきっかけを表す「と」
5．因果関係を表す「と」

1.2　蓮沼ほか（2001）

蓮沼ほか（2001）によれば、事実的な表現とは、「現在あるいは過去に実際に起こった二つのことがらの関係を表すものである」（p.25）と定義されている。事実的な条件表現は以下の3つに分けられている。

1．発見の状況
2．きっかけ
3．動作の連続

1.3　日本語記述文法研究会（2008）

日本語記述文法研究会（2008）によれば、事実条件文には4つの場合がある。

1．同じ主体の動作の連続を表す場合
2．従属節と主節の主体が違い、従属節の事態が主節の事態を引き起こすきっかけを表す場合
3．従属節の動作をきっかけにして、主節の状態を従属節の主体が発見するという意味を表す場合
4．従属節が動作の継続状態を表し、主節がその最中に起こった事柄を表す場合

1.4　前田 (2009)

　前田 (2009) は、事実的レアリティーに様々な状況を表す場合があると述べている。この「様々な状況」は形式的な違いによって 4 つに分けられ、主に「と」や「たら」によって表される。分類の基準となるのは、前件と後件の主体の異同と、前件後件の述語の形 (「る」形対「ている」形) の違いであるという。前田 (2009) は、非仮定的、1 回的な条件文の用法を以下のように分類している。

1．連続 (A は～すると～した。) とは、同一主体による動作が連続する場合である。
2．きっかけ (A が～すると B が～した。) とは、異主体による動作が連続する場合である。
3．発見 (A が～すると B が～していた。) とは、前件動作により後件の状態が発見される場合である。
4．発現 (A が～していると B が～した。) とは、前件の継続的状態

が存在している時に後件が発生する場合である。

　以上で、4つの先行研究における事実条件文の分類を簡単に紹介した。各先行研究による事実条件文の分類を見ると、「連続」「きっかけ」「発見」は4つの先行研究において共通している。名称が一致している用法は多いようであるとはいえ、各用法の形や特徴、使い方など各説でどのように扱われているかは具体的に比較して見る必要がある。また、豊田による「時を表す」用法、前田による「発現」など共通用法とされていないものはどう扱うかを検討したい。次節で、まず、4つの先行研究における用法の説明を取り上げて用法ごとに4つの説を比較し相違点を明確にする。つぎに、本研究による事実条件文の分類を述べる。

2　各説における事実条件文の用法

　前節で、豊田（1978）、蓮沼ほか（2001）、日本語記述文法研究会（2008）、前田（2009）による事実条件文の分類を取り上げた。この節では、用法ごとに見ていく。4説を引用し、各説を比較して共通点と相違点をまとめる。

2.1　「連続」について

　以下では、豊田（1978）、蓮沼ほか（2001）、日本語記述文法研究会（2008）、前田（2009）における連続用法についての説明をそれぞれ取り上げる。

2.1.1　豊田 (1978)

連続を表すかたちは豊田 (1978) では次のように述べられている。

> これは同一主体によって動作や作用が連続して行われる場合、その二つの動作や作用を「と」で結ぶかたちである。この場合、二つの動作や作用は先後の関係にある。
>
> 連続を表す文は、基本的には主語が人 (有情物) の場合で、前件・後件ともに同一主体が意志的な動作を連続して行う。しかし、時には主語が物 (非情物) で、無意志的な作用が連続する場合もある。
>
> 　A は〜すると、〜した。(人)　花子はへやに入ると、いすにかけた。
>
> 　〜なると、〜なった (物)　どんぐりはころころころがると、池に落ちた。
>
> (豊田 1978:33)

このかたちの文の主要な点は、「前項と後項が同一主語で、その動詞が前項・後項ともに動作を表すものなら動作を表すもの、作用を表すものなら作用を表すものであることである」(p.33) という。連続の文は、前項と後項の動作や作用が続いて行われることが客観的に述べられる文であるとされている。

2.1.2　蓮沼ほか (2001)

蓮沼ほか (2001) によれば、「と」は、同一主語の連続した動作をつ

なぐことができる。このような事実的条件文では「たら」や「ば」は用いることはできない。この場合、前件の後で後件が起こったという前後関係だけが表され、前件と後件には因果関係はないという。

　　(110) 男は鍵を取り出すと、ドアを開けた。

2.1.3　日本語記述文法研究会（2008）

　日本語記述文法研究会（2008）によれば、同じ主体の動作の連続を表す場合は「と」が用いられる。この場合、従属節の事態と主節の事態には直接的な因果関係はなく、テ形でほぼ同じ意味を表すこともできるという。

　　(111) 冷蔵庫を { 開けると／開けて }、ビールを取り出した。

　動作の連続を表す場合、主節が無意志的な動きである場合には「たら」が用いられることもある。

　　(112) 布団に入ったら、すぐ寝てしまった。
　　(113) ほめられたら、うれしくなった。

　このような場合、主節の状態は、従属節の事態によって引き起こされ、従属節の事態と主節の事態の間に因果関係がある。そのため、「たら」が用いられる。

2.1.4　前田（2009）

前田（2009）によれば、連続（Aは〜すると〜した。）とは、同一主体の連続する動作を表す。

(114) 石塚は足を組み、煙草をくわえると雑誌をめくった。（女の小箱）　　　　　　　　　　　　　　　　　前田（2009:74（191））

使用形式については、前田（2009）によれば、同一主体の動作が続く「連続」の用法は基本的には「と」によって表され、「たら」の場合はいくつか制限があるという。「たら」による使用制限は、前田（2009）では以下のように述べている。

　　　意志的動作が連続する用法では、原則として「たら」は使われないが、後件が非意志的動作である場合には可能であることが指摘されている。

(115) 蒲団に入ったら、すぐにぐうぐう寝てしまった。
　　　　　　　　　　　　　　　　　　前田（2009:75（196））
　　　　　　　　　　　　　　　　　　前田（2009:73-74）

また、「たら」の連続を許す条件は「後件が非意志的動作」だけではない。それ以外の場合は以下のように示されている。

第1は、「後件動作の意志性が低いことに加えて、前件と後件に因果関係、即ち、前件によって後件が引き起こされたと言う関係が見られる

点であり、単に連続する意志的な二つの事態を並べたものではない」
（p.75）としている。前田（2009）によれば、「ここに見られる因果関
係は意味的に、前件が新たな事態（情報）の獲得を表し、それによって
起こった「非意志的な反応」が後件に表されると言う形をとる。多くの
場合は前件が感覚的認知を表す動詞や思考動詞が来る」（pp.75-76）と
いう。たとえば、

(116) 石塚は腕時計を { 見ると／？？見タラ }、ラジオの音楽を大き
　　　くした。（女の小箱）[9]　　　　　　　　前田（2009:76 (204)）

(117) 私の船員手帳を { 見ると／見タラ } あやしいと思ったのかいっ
　　　たん持って行ってしまったが、コモで降りるというとすぐ返し
　　　てくれた。（どくとるマンボウ航海記）前田（2009:76 (207)）

「たら」の連続を許す条件の第二は、「「たら」が連続を表す場合には、
後件に「すぐ」「急に」「そのまま」等が現れ、前件から時間的な猶予が
なく後件が起こる場合がある。多くの場合はやはり後件が非意志的な動
作になっている」（p. 76）としている。

(118) 関も了解して、不法入国したんです。初めからそのつもりだっ

---

9)　なお、(116) と (117) は前田（2009）で取り上げられている用例である。(116)
　では「と」は「たら」に置き換えられない。(117) では「と」は「たら」に置き換え
　られるとされている。その理由は、前田（2009）によれば、「「見る」と言う動作の場
　合を見てみると、単なる連続的な事態の場合は「たら」に置き換えることはできない
　が、新情報を獲得してそれによって起こった反応と言う意味であれば「たら」に置き
　換えられる」（p.76）という。

たんでしょう。彼は神戸港で { 捕らえられる<u>と</u>／捕らえられ<u>タ
ラ</u> }、すぐ日朝新聞に電話している。（女の小箱）

前田（2009:76（208））

(119)　一人に { なる<u>と</u>／なっ<u>タラ</u> }、山代大五は急に疲れを感じた。
　　　　（崖）　　　　　　　　　　　　　　　　前田（2009:76（209））

(120)　どんな奴が来たのかしらん、と思い、しかし好奇心よりは看護
　　　　婦の動き廻るのがうるさくて、蒲団を { 引きかぶる<u>と</u>／引きか
　　　　ぶっ<u>タラ</u> }、そのままうとうとと眠ってしまった。（草の花）

前田（2009:76（210））

2.1.5　「連続」についてのまとめ

　以上で見てきた「と」「たら」の使用のまとめとして、前田（2009）
では次のように述べている。「『と』による連続用法は二つの別々の動作
が二つの場面として外から描写される場合に用いられ、そのため一人称
主体が来ることは基本的にはない。一方、『たら』の連続用法は、前件
が『契機』となって、後件が生起したことを表す。そこでの契機とは、
一つは原因として、後件にとって直接影響を及ぼす事態として後件を引
き起こすが、もう一つは、後件事態の直前の動作として、いわば『合図
的』な契機として、後件がその後で引き起こされると言うことを表す」
（p.77）

　ここまで取り上げた 4 つの先行研究による連続用法を表 1 - 3 にまと
めた。4 つの説における共通点は「連続」を表す文の従属節と主節の主
体が同一となることである。異なる点としては、有情物が主体となり、

65

表1-3　先行研究による連続用法のまとめ

	従属節、主節の主体	形式	因果関係	主節の動作
豊田（1978）	同一	と	なし	意志的（主語は人）
				無意志的（主語は物）
蓮沼ほか（2001）	同一	と	なし	意志的
日本語記述文法研究会（2008）	同一	と	なし	意志的
		と／たら	あり	無意志的
前田（2009）	同一	と	なし	意志的
		と／たら	あり	無意志的／意志性が低い

従属節と主節に因果関係が見られる場合の文[10] をどう捉えるかについて、豊田（1978）と蓮沼（2001）は観点が一致しており、一方、日本語記述文法研究会（2008）と前田（2009）も観点が一致している。豊田（1978）と蓮沼（2001）では、「連続」の分類基準は従属節と主節に因果関係がないことと限定している。同一主体による動作の連続を表す文であっても、もし従属節と主節に因果関係が見られる場合は、この文は「連続」とされず、「きっかけ」（用法を2.2項で詳しく取り上げる）とされる。つまり、豊田（1978）と蓮沼（2001）による「連続」では、従属節と主節における因果関係の有無が「連続」か「きっかけ」を判断する基準となる。

　また、日本語記述文法研究会（2008）と前田（2009）の観点では、従属節と主節の主体が一致しているかどうかは「連続」を判断する根拠と

---

10)　たとえば、「ほめられると、うれしくなった」のような文が挙げられる。

なる。前田（2009）では、「きっかけ」は「異主体の連続する動作を表す場合である」（p.73）と述べられている。つまり、主体が同一であれば「連続」、異なれば「きっかけ」とされると考える。前田（2009）は、前件と後件に因果関係がある「連続」の文では、後件動作は無意志的動作、あるいは意志性が低い動作となるという構文的な特徴を述べている。以上では、4つの先行研究による「連続」と「きっかけ」を区分する基準の相違を確認した。豊田（1978）と蓮沼ほか（2001）は前件と後件に因果関係があるかないかによって「連続」か「きっかけ」かに分ける。一方、日本語記述文法研究会（2008）は前田（2009）と観点が一致している。前件と後件の主体の異同によって「連続」と「きっかけ」を区別している。「連続」と「きっかけ」における分類基準の異なりがどのような文にあたるかは次の 2.2「きっかけ」の節で具体的に述べたい。

2.2 「きっかけ」について

　ここでは、豊田（1982）、蓮沼ほか（2001）、日本語記述文法研究会（2008）、前田（2009）によるきっかけ用法をそれぞれ取り上げる。

2.2.1 豊田（1982）

　豊田（1982）では、きっかけを表すかたちについて以下のように述べられ、3 タイプに分けられている。

　　これは、前件の主語 A の動作または作用によって、後件の主語

Bに動作または作用が起こることを表すかたちである。（中略）これをもう少し具体的に言うと、（1）前件の主語Aの働きかけを受けて後件の主語Bが動作をするもの、（2）前件の主語Aの働きかけを受けて後件の主語Bが反応の作用を起こすもの、（3）前件の主語Aの働きかけがなく、後件の主語Bが動作を起こすものとになる。

豊田（1982:2）

　豊田（1982）では、きっかけを表すかたち（1）（2）（3）は以下のように示されている。

（1）前件の主語Aの働きかけを受けて後件の主語Bが動作をするもの

　　Aが（Bに/を）〜すると、Bが〜した。
　　（121）太郎が花子に質問すると、花子が答えた。

　この場合、述語は前件・後件ともに意志動詞である[11]。このかたちは、しばしば前件にBが現れないことがあるという。

（2）前件の主語Aの働きかけを受けて後件の主語Bが反応の作用を起こすもの

11）　きっかけを表すかたち（1）は、前件・後件ともに述語は意志動詞である点について、豊田（1982）は、「このことは「Ⅰ連続」の場合と同じであるが、前件と後件の主語が異なるという点で「Ⅰ連続」とは異なる」（p.2）と述べている。

　豊田（1982）は、「後件の主語 B が反応の作用を起こす」という意味を「無意志的に反応としての作用が起こる」（p. 2）という意味で解釈している。このかたちでは、後件の主語はふつう無生物であるが、そうでない場合もあるとしている。

　　A が B に/を〜すると、B が〜なった。
（122）太郎がドアをおす<u>と</u>、ドアが開いた。
（123）太郎が花子をおす<u>と</u>、花子が倒れた。

　この後件が前件に対する反応の作用を起こすかたちでは、前件の主語と後件の主語が同一の場合もある[12] という。

　　A が〜すると、〜なった。
（124）太郎はそれを聞く<u>と</u>、悲しくなった。

　また、このかたちは、しばしば次のようになることもあるという。

　　A が〜すると、A’ が〜なった。
（125）太郎はそれを聞く<u>と</u>、気持が悪くなった。

12）　きっかけを表すかたち（2）は、前件と後件が同一主語である点については、豊田（1982）では、「この点では「Ⅰ連続」と同じであるが、連続の場合は述語が前項・後項ともに意志動詞であるのに対し、これは後項の述語が無意志的であるという点で異なる」（p. 3）と説明されている。

（3）　前件の主語 A の働きかけがなく、後件の主語 B が動作を起こすもの

　　 A が〜なると、B が〜した。
（126）太郎が倒れそうになる<u>と</u>、花子がささえた。

　このかたちは、前件の主語は後件の主語に働きかけないが、後件の主語は前件がきっかけで動作をする。つまり、内的なきっかけとでも呼べるものである。このかたちは前件の述語が無意志的なものである[13] という。

2.2.2　蓮沼ほか（2001）

　蓮沼ほか（2001）による「きっかけ」は前件と後件の主語が同一かどうかということによって 2 種の用法に分かれる。
　蓮沼ほか（2001）によれば、「と」、「たら」が過去の出来事をつなぐ場合、前件が後件のきっかけ・原因となる場合がある。このとき、前件と後件の主語は異なり、また後件には話し手以外の動作や出来事がくる。

　　 A が〜すると、　B が／は〜した

---

13)　豊田（1982）によれば、「このかたちは前項の述語が無意志的なもので後件に働きかけないという意味で「Ⅲ時」に似ている。しかし、「時」の場合は前件と後件が互いに孤立していて「夜になると、雪が降った」のように影響を与えないのに対し、これは後件が前件によってひき起こされているという点で異なる」（p. 3）という。

　　Ａが〜したら、　Ｂが／は〜した

(127) 兄が殴ると、弟は泣き出した。

(128) 兄が殴ったら、弟は泣き出した。

また、以下のようなものが取り上げられている。

(129) 箱を揺すったら、かたかたと音がした。

(130) 電気がついたら、明るくなった。

(131) 夜になると、だんだん寒くなってきた。

　前件と後件の主語が同じ場合がある。この場合、後件は主体が自分で
コントロールできない非意志的な出来事で、やはり前件が後件を引き起
こすきっかけ・原因となっているという。

　　Ａは〜する　と、　　〜した

　　Ａは〜し　　たら、　〜した

(132) 父は横になると、すぐに眠ってしまった。

(133) 父は横になったら、すぐに眠ってしまった。

また、以下のような用例が取り上げられている。

(134) もうすぐ救援隊が来るとわかると、遭難者たちは安心したよう
　　　だった。

(135) 波の音を聞くと、急に子供のころのことを思い出した。

(136) 入院中はおとなしかった父も、退院したら、私の言うことは全
　　　然聞いてくれなくなった。

2.2.3　日本語記述文法研究会 (2008)

　日本語記述文法研究会 (2008) によれば、事実条件文は従属節と主節
の主体が違う場合がある。この場合は、従属節の事態が主節の事態を引
き起こすきっかけを表す。従属節の主体は「が」で表される。

(137) 妹が泣き出したら、兄は何も言えなくなった。

(138) 兄が怒ると、妹が泣き出した。

2.2.4　前田 (2009)

　前田 (2009) によるきっかけ用法 (A が〜すると B が〜した。) と
は、「異主体の連続する動作を表す場合である」(p.73) という。

　前田 (2009) によれば、異主体による動作の連続であるきっかけ用法
では、連続の場合とは異なり、前件が後件を引き起こすと言う因果関係
を持つ。前件・後件ともに、意志的な場合・無意志的な場合が可能であ
り、「たら」に置き換えることもできる (p.77) という。

(139) 少し登ると、次第に眼下に海面が広がり始めた。(崖)

(140) 那美子と視線が合うと、何気ないようにそらした。(女の小箱)

(141) 電車が新宿に入り、扉が開くと、降りる人たちは、はじける
　　　ように戸口からこぼれ出して行った。(贈る言葉)

(142) 一応その問題が解決すると、次は百日紅の花の咲いている別荘

で会った女性のことが、現在の彼の一番の関心事になった。
（崖）

　しかし、因果関係が見られない場合もいくつかあるという。それは前田（2009:pp.77-78）では以下のように示されている。

　第1は、時間の経過を表す言葉がその後すぐに続く場合である。これらは、後件に現れる時間を表す言葉により、前件と後件の時間的前後関係が表面化して、因果関係が意識されなくなる。ここで表されているのは事態間のきっかけ・契機（因果関係）ではなく、連続用法でも見られたように、時間的な、「合図」としてのきっかけ・契機（直前直後の動作）である。

（143）朝食の箸を置くと、間もなく香村つかさが、いつもよりあわただしい感じで入ってきた。（崖）

（144）二人が喫茶店の方へ引き返すと、丁度そこへ店から出てきた佐沼と高崎がやって来た。（崖）

　後件に出現を表す事態がくる場合は、次に見る発見（後件が存在を表す）に近づいていく。

（145）翌日、那美子が大阪に行こうと、羽田に行くと、石塚が現れた。（女の小箱）

　また、前件が動作の完了後の状態を意味する場合には、後に見る発現

（前件が状態）に近づいていく。このような場合も、前件と後件には因果関係は見られないが、「たら」に置き換えることも可能である。

(146) 夕食を終えて自分の部屋へ帰る<u>と</u>、佐沼から電話が掛かってきた。（崖）

(147) 那美子が電話を切って目を閉じる<u>と</u>、また電話のベルがなった。（女の小箱）

(148) うとうとしかける<u>と</u>電話のベルが鳴った。（女の小箱）

2.2.5 「きっかけ」についてのまとめ

　本項では、豊田（1982）、蓮沼ほか（2001）、日本語記述文法研究会（2008）、前田（2009）の 4 つの先行研究によるきっかけ用法を取り上げた。2.1.5 では、4 つの先行研究による「連続」と「きっかけ」の区別基準に相違があることを述べた。豊田（1978）と蓮沼ほか（2001）は前件と後件に因果関係があるかないかによって「連続」か「きっかけ」かに分ける。一方、日本語記述文法研究会（2008）と前田（2009）は前件と後件の主体の異同を「連続」と「きっかけ」を区別している。豊田と前田の説を代表として取り上げて、2 説による「連続」と「きっかけ」の相違点をまとめると、以下のようになる。

　「連続」については、前田（2009）による前件と後件に因果関係がある連続の文は、豊田（1982）では、きっかけの文とされる。

　「きっかけ」については、豊田（1982）で述べられているきっかけの文のかたち（2）「前件の主語 A の働きかけを受けて後件の主語 B が反応の作用を起こすもの」―「前件の主語と後件の主語が同一の場合」の

文は、前田（2009）では、連続の文とされる。また、豊田（1982）によるきっかけの文のかたち（3）「前件の主語 A の働きかけがなく、後件の主語 B が動作をおこすもの」の場合[14] は、「このかたちは、前件の主語は後件の主語に働きかけないが、後件の主語は前件がきっかけで動作をする。つまり、内的なきっかけとでも呼べるものである」（p. 3）とされて、この場合も前件と後件にやはり因果関係がある。これによって、豊田（1982）によるこのきっかけのかたち（3）を前田（2009）によるきっかけの因果関係がない場合（たとえば例 143）とは区別する必要があると考えられる。つまり、豊田によるきっかけの文はすべて前件と後件に因果関係がある。一方、前田によるきっかけに因果関係がある場合もあるし、因果関係がない場合もあると思われる。豊田はこのような前件と後件が異主語であり、かつ、因果関係が見られない場合の文をどう扱うかには触れていないようである。

　以上を踏まえて、「連続」と「きっかけ」における分類基準の違いはどのような文にあたるかを述べる。以下では、前件と後件の主体が同じであり、因果関係がある場合と因果関係がない場合。そして、前件と後件の主語が異なり、因果関係がある場合と因果関係がない場合という 4 パターンに分けて、文例を取り上げる。

（1）前件と後件の主体が同じであり、因果関係がある場合

　(149) ほめられると、うれしくなった。

---

14)　豊田（1982）では、「列車が動き出すと、熊さんと彼の娘はやたらに手を振った」（p.29（29））などの文が取り上げられている。

　上の文では、前件と後件の主体が同じである。前件の「ほめられる」
ことは、後件の「うれしくなった」ことの原因となる。このような、前
件と後件の主体が同一であり、因果関係がある文は、豊田（1978）と蓮
沼ほか（2001）では、「きっかけ」を表す文とされている。一方、日本
語記述文法研究会（2008）と前田（2009）では、「連続」を表す文とさ
れている。

　次の文を見ていただきたい。この文は各先行研究における捉え方に相
違が見られる。

（150）布団に入った<u>ら</u>、すぐ寝てしまった。

日本語記述文法研究会（2008：108）

　この文は前件と後件の主語が同じであるので、日本語記述文法研究会
（2008）と前田（2009）の分類基準では連続を表す文とされる。蓮沼ほ
か（2001）では、これと似たような文[15]がきっかけの文とされている。
「きっかけ」として扱われている理由については、蓮沼ほか（2001）で
は、「この場合、後件は主体が自分でコントロールできない非意志的な
出来事で、やはり前件が後件を引き起こすきっかけ・原因となってい
る[16]」（p.34）と述べられている。このような因果関係がはっきり捉え
られない文は、豊田（1982）では前件と後件の主語が同一の場合の

---

15)　蓮沼ほか（2001）では、「父は横になったら、すぐに眠ってしまった」という文が
　　挙げられている。

16)　蓮沼ほか（2001）が述べている「きっかけ」の意味を、前田（2009）による「「合
　　図的」な契機」（p.77）として理解するとよいであろう。

「きっかけ」の用法のかたちには当てはまらない[17]。そして「連続」としても考えられない。「連続」とされない理由は、この文では、前件の動作を表す動詞は「その動作をしたあと、対象の状態の変化の結果がのこるもの」となり、後件の動詞は「一定時間動作が続くことを表すもの」となるからである。このようなタイプの前件と後件の組み合わせは、豊田（1978）では、不安定な「連続」の文とされている[18]。このような文は豊田（1982）では扱われていないようである。

（２）前件と後件の主体が同じであり、因果関係がない場合

　　（151）男は鍵を取り出すと、ドアを開けた。　　　蓮沼ほか（2001 : 35）

　このような文は、４つの先行研究においても「連続」を表す文とされている。これは「連続」の最も典型的なタイプの文であると考えてもよいであろう。

（３）前件と後件の主語が異なり、因果関係がある場合

---

17)　豊田（1982）によれば、前件と後件の主語が同一の場合の「きっかけ」の文のかたちは「Aが〜すると、〜なった。」という。

18)　豊田（1978）では前項動詞が２パターン、後項動詞が４パターンに分けられている。また、豊田（1978）は前件と後件の動詞のパターンを変えるなど新しい組み合わせを作った文について考察した。その結果、前件は「第一の動作を表す動詞が、その動作をしたあと、対象の状態の変化の結果がのこるもの」後件は「一定時間動作が続くことを表すもの」の場合は落ち着きが悪い文になってしまうということが考察されている。

　　×おはしを持つと、食べた。

(152) 兄が殴る<u>と</u>、弟は泣き出した。

日本語記述文法研究会（2008:109）

　このような文は、4つの先行研究においても「きっかけ」を表す文とされている。これは「きっかけ」の最も典型的なタイプであると考えられるだろう。

（4）前件と後件の主語が異なり、因果関係がない場合

(153) 朝食の箸を置く<u>と</u>、間もなく香村つかさが、いつもよりあわただしい感じで入ってきた。

前田（2009:77（219））

　この文は、前田（2009）では、因果関係が見られない「きっかけ」の文とされている。先も述べていたが、豊田ではこのような前件と後件が異主語であり、かつ、因果関係が見られない場合の文の扱い方は言及されていないようである。

　以上で、前件と後件の主語の異同と前件と後件に因果関係の有無によって4パターンを考えた。4つの先行研究では（2）と（3）は共通している。つまり、4つの先行研究においても、前件と後件の主体が同じであり、因果関係がない場合は「連続」とされて、前件と後件の主語が異なり、因果関係がある場合は「きっかけ」とされている。また、（1）と（4）は4つの先行研究では捉え方が若干異なる。「連続」と

「きっかけ」の分類基準で言うと、日本語記述文法研究会（2008）と前
田（2009）は観点がほぼ一致している。前件と後件の主体の異同によっ
て「連続」と「きっかけ」を区分している。豊田（1982）と蓮沼ほか
（2001）は観点が近い。前件と後件に因果関係の有り無しによって「連
続」と「きっかけ」を区分している。また、前件と後件の主体が同じで
あり、因果関係が薄いように捉える文と、前件と後件の主語が異なり、
因果関係がない場合の文については、豊田（1982）では言及されていな
いようである。

2.3　「発見」について

　本項では、豊田（1979a）、蓮沼ほか（2001）、日本語記述文法研究会
（2008）、前田（2009）による発見用法を取り上げる。

2.3.1　豊田（1979a）

　豊田（1979a）では、発見用法の「と」は以下のように述べられてい
る。

　　　発見の「と」とは、ここで、発見をみちびく「と」のことをい
　　う。この「と」は、
　　　前項である状況が述べられ、後項であるもの、ことの状態が述べ
　　られて発見の意味になる文の前項と後項を結ぶもので、この場合
　　「と」は発見の展開点の役割をする。

豊田（1979a：92）

また、「発見」の定義は以下のように述べられている。

　　ここで発見とは、あるもの・ことがある状態にあることを見いだ
　すことである。しかし、見出すという意味を広げ、あるにおい・音
　などを感じとることにまで及ぶと、〝自覚する〟という過程を経て
　発見されるというもう一つの形態をとることになる。その場合、後
　項は必ずしもあるものごとの状態を述べる形ではなくなる。

豊田（1979a:92）

　豊田（1979a）によれば、「と」によって結ばれた文で、前件と後件と
が以下のような形になるとき、発見の意味になる。

（1）Aが〜すると、｜Bがあった、いた
　　　　　　　　　｜Bが〜ていた、〜ている
　　　　　　　　　（Bが）…であった、…だ
（2）Aが〜すると、｜B（におい音・感じ）がした
　　　　　　　　　｜Bが〜ているのが見えた

豊田（1979a:93）

　この形の文では、一般に前項の主語Aは人である。後項の主語Bは
人・もの・こと何でもいいとされている。また、文末は過去形の場合も
あり、現在形の場合もある。そして、現在形でも過去形でも意味にかわ
りがない場合もあるという。
　また、豊田（1979a）によれば、発見を表す文の前項は発見の状況を、

後項は発見されたもの・ことについて述べる部分になっている。その場合、（1）では「B があった、B が～ていた、…だ」というように後項で発見されたもの・ことの状態が述べられ、発見された意味になる。（2）では、後項が「においがした、音がした、…が見えた」というようになる。これは、発見という意味を視覚的なものから、におい、音、感じなどにまで拡大し、前項の主語が「…を自覚する」という過程を経ることによって発見に至るというものであるという。

　豊田（1979a）では、発見用法の前項と後項はどのような形によって表されるかがまとめられている。発見の文では、前項は発見の状況の提示の部分であるとされている。発見の状況の提示の仕方には、大きく分けて三通りの仕方があると示されている。

（ⅰ）「見ると」というように直接発見を示唆する動詞が用いられているもの。

（ⅱ）「行くと」というように直接は発見の意味を表さない動詞が用いられているもの。

（ⅲ）「～てみると」という補助動詞が用いられているもの。

　なお、（ⅰ）には「のぞく、見上げる」のような「見る」の類義語も含まれる。（ⅱ）直接は発見の意味を表さない動詞の場合は、「と」に続く後項が状態を表す形になっているため、発見の意味を表す文になるとされている。（ⅱ）の場合の動詞に「移動を表す動詞」「人間の動作を表す動詞」「知覚活動を表す動詞」などが見られる。また、「～ていく・～てくる・～しかかる」など、もとになる動詞にそのほかの要素がついた

ものなども含む。

　また、発見を表す文の後項の形について、述べ方が大別して2つに分けられている。

（1）「Bがあった・Bが～していた」というように発見されるもの・ことの存在または状態を述べるもの。

（2）「B（におい・音・感じ）がした、Bが見えた」など発見という意味を「見る」から「感ずる・聞く・わかる・見える」など前項の主語の自覚という過程を経て発見に至る場合も述べるもの。

2.3.2　蓮沼ほか（2001）

　蓮沼ほか（2001）によれば、前件が動作、後件が状態を表す場合は前件の動作がきっかけとなって、後件の状態を発見したという意味を表す。

　（154）ドアを開けると、父が倒れていた。

　上の文は「ドアを開けると、父が倒れているのを見つけた」という意味を表す。「たら」も用いることができるという。

　　　Aが～すると、Bが～していた。
　　　Aが～したら、Bが～していた。

　また、前件が動作の持続を表し、後件が過去の1回の出来事を表す場

合は、「前件の最中に、後件が起こった」という意味を表すという。

　（155）　本を読んでいると、電話が鳴った。

　（156）　本を読んでいたら、電話が鳴った。

この場合も前件の最中に「後件を発見する・気づく」というニュアンスがあり、「と」、「たら」は使えるという。

　　　Ａが〜していると、Ｂが〜した。

　　　Ａが〜していたら、Ｂが〜した。

2.3.3　日本語記述文法研究会（2008）

　日本語記述文法研究会（2008）によれば、従属節の動作をきっかけにして、主節の状態を従属節の主体が発見するという意味を表す場合がある。「たら」「と」が用いられるという。

　（157）　その料理を食べてみたら、おいしかった。

　（158）　道をまっすぐ行くと、右手に郵便局があった。

2.3.4　前田（2009）

　前田（2009）は豊田（1979a）に基づいて「発見」を述べている。前田（2009）によれば、発見（Ａが「発見動作」するとＢが〜していた。）とは、前件の動作（主に視覚的動作）によって後件の状態を発見する場合である。発見の用法は、前件に発見するための具体的な動作が

きて、発見時の状況を表し、後件に発見された物事の状態が述べられるという形を取る。主語は前件（発見主体。基本的には話し手）と後件（発見される物事）では異なり、前件と後件の述語および意味的内容には、次のような事態が現れるという。

前節述語	後件
①視覚動作「見る」	Ⅰ存在、状態
②移動動詞「行く」	Ⅱ主体の知覚
③思考動作	

前田（2009:80（236））

（1）前節述語が視覚動作の場合（①）

(159)「ドコノ金モアリマス」という爺さんの古びた財布を見ると、それこそ世界各国の紙幣でふくらんでいる。（どくとるマンボウ航海記）

(160) ホテルの窓から見ると、東京も案外丘陵が多い。（女の小箱）

(161) で、四人掛けの席の背に手をそろえて立っていたら、隣りの席の視線を強く感じた。ひょいと見ると、いつか、スカートを切られた朝、じろじろと顔を見ていた青年だった。（窓を開けますか？）

前田（2009）によると、視覚動詞に関しては、「見る」の他に「覗く」「振り返る」「捜す」「双眼鏡を向ける」「目を上げる」「目を覚ます」も

ある。また、発見のきっかけとなる動作は、視覚的動作だけではなく、聴覚的な場合もあるという。

　(162)　あとで聞くと、この男はポン引きなんぞではなく、スウェーデンの船乗りなのであった。(どくとるマンボウ航海記)

（２）前節述語が移動動作の場合（②）

　前田（2009）による移動動作の場合とは、移動によって話者の目線が移動し、新たな事物を見つける（視覚的に認知する）という場合である。

　(163)　二の席にはいると、立花が一人、窓に寄りかかって夕明かりをたよりに本をよんでいた。(草の花)
　(164)　午後出航。スエズ動乱の時のマストだけ残して沈んでいる船を横に見、長い防波堤を抜けると、ここはもう地中海である。(どくとるマンボウ航海記)

（３）前節述語が思考動作の場合（③）

　前田（2009）による思考動作の場合とは、思考動作や知的な認識・知的活動によって得られた事物の状態などが後件に表される場合である。

　(165)　気づいてみると、わたしはまだ酔っていなかった。(どくとる

マンボウ航海記）

(166) いまから考えると変な客でしたね。（人間の証明）

(167) 獲物はすべて体重から雌雄、卵巣の成熟度、胃の内容物まで調べるのだが、メバチの胃の内容に「イカ、貝」というのが多いので、わたしはふと思い当たり、調べると果たしてカイダコ（アオイガイ）であった。（どくとるマンボウ航海記）

（４）前節述語が「てみる」の場合

　前田（2009）による「発見」用法の前件についてもう一つ重要なのは、前節に「てみる」と言う補助動詞がくる場合である。前節が移動動詞（②）、思考動詞（③）であり、それぞれに「てみる」がつく用例が多く見られたという。

(168) だがその足で出社して、専務室へ行ってみると、進一郎は口笛でも吹きそうな顔でふんぞり返っている。（午後の恋人）

(169) 学用患者になっているので、この病院に居る限り、治療費も食費も要らないが、しかし、考えてみると、もう病人とは言えなくなっている。

　また、前節が視覚動詞（①）の場合の文例は見られなかったが、不可能ではないと思われたと述べられている。また、①〜③に入らないその他の動詞につく場合もある。このような動詞の場合は、その動作を行うことによって対象の事物に関しての何らかの情報を（多くは「見る」ことによっ

て）得ている。そして、得られた情報が後件に現れると述べている。

(170) 試着してみる<u>と</u>ぴったりである。（午後の恋人）

(171) 真弓は初め、電子レンジに対して魔法の如き迅速な効果を期待
していたが、使ってみる<u>と</u>、けっこう時間のかかるものもあっ
てそれほどいいものとは思えなかったが、何より便利なのは、
お酒のお燗だった。（夫婦の情景）

（5）その他

前田（2009）では、前件の動詞（上の①〜③）が3種以外に次のよう
な場合も挙げられている。

(172) サメもいくらでもかかってくる。舷側にひきよせられる<u>と</u>、こ
いつにはマブタがあって、…（後略）（ドクトルマンボウ航海
記）

(173) 手を挙げられたので停める<u>と</u>、黒人だったので、しまったとお
もったのですが、いえ、乗車拒否をするつもりじゃなくて、言
葉がわからないもんですから。（人間の証明）

(174) 冷蔵庫を開ける<u>と</u>、何も入っていない。（人間の証明）

(175) アッパーブリッジに仰向けに寝そべる<u>と</u>、澄み渡った空があ
り、白雲がたむろし、マストはごくゆったりとかしぐきりで、
船はまったく停止しているとしか思えない。（どくとるマンボ
ウ航海記）

　前田（2009）によると、「これらは、『ひきよせられたの見ると』『停めてその人を見ると』『あけて中を見ると』『寝そべって空を見ると』と言うように、前件動作を行った後に、今注目されている対象を見ると言う動作が本来あるものが省略されている場合である。後件が存在・状態や知覚である点はかわらない」（p.83）という。

2.3.5 「発見」についてのまとめ

　本項では、「発見」の用法について見てきた。豊田（1979a）では、発見のかたちや発見の文の前件の動詞のタイプ、後件の述べ方などが詳しく述べられている。前田（2009）は豊田（1979a）を踏まえて述べているため、両者の観点がほぼ一致している。蓮沼ほか（2001）は、前田（2009）では「発現」とされている用法も発見の用法としている。本論は、前田らの論を参考にし、「本を読んでいると、電話が鳴った」のような「前件の最中に、後件が起こった」のようなものを「発現」とし、もとの発見用法と区別する立場をとる。

2.4 「発現」について

　以下では、豊田（1979b）、蓮沼ほか（2001）、日本語記述文法研究会（2008）、前田（2009）による発現用法を取り上げる。

2.4.1 豊田（1979b）

　豊田（1979b）では「時」を表す用法が紹介されている。豊田（1979b）による「時」というのは、「前項が時を表し、後項がその時行

われた動作・作用をあらわすものである」（p.92）という。時を表す用
法は、前件は時を表し、前件の主語の動作・作用が後件の主語に働きか
けることはない。後件は偶然的なことであるとされている。

　（176）太郎が本を読んでいる<u>と</u>、雨が降りはじめた。

　時を表す文のかたちについて、豊田（1979b）によれば、前件が後件
の行われる時を表す意味になるには、前件の述語が他へ働きかけないも
の、つまり、動作・作用の継続・状態を表すものでなければならないこ
とになる（前件の述語が動作を表すものであれば、「時」の意味の文に
はならない）。後件の述語は継続・状態を表すものではないものである。
しかし、後件の述語の動作・作用は前件に影響されて起こるものではな
い。このかたちの文で、前件と後件の動作・作用が同一主体のなかで起
こる場合は、前件と後件の動詞は同じ種類のものにはならず、後件の動
詞は無意志的である場合が多い。しかし、前件と後件の主語が異なれ
ば、後件の動詞は意志的な場合もある。これが「時」を表す意味になる
文の前件のかたちであるという。
　「時」の文では前件がどのようなかたちの場合に継続・状態を表すこ
とになっているか、豊田（1979b）は用例に沿って考察を行っている。
豊田（1979b）によれば、「時」の意味の文の前件のかたちを大きく 2
つに分けることができるという。

　①前件の動詞が「〜ている」と動作の継続を表しているもの。また、
　　動詞それ自身の性質やその他の要素によって動作・作用がある時間

継続している意味を表すもの。

②前件が「春になると」などのように時を表すことばで構成されているもの。

豊田（1979b）では①について、以下の用例が挙げられている。

a. 前件の動詞が「〜ている」となって動作の継続が表されるもの[19]

（177）ある朝エルザを連れて歩いていると、この野獣狩りの実習にうってつけのチャンスが、やってきた。

b. 動詞自身が動作の継続・状態を表すもの

（178）昨日甲板に居ると、兵隊がどたばたと舷側に馳けつけて行き、水面を覗きだしました。

c. 他の要素が加わって、ある時間動作が継続していたことを表すもの

（179）二町ばかり歩くと、下から踊り子が走ってきた。

---

[19]　豊田（1979b）によれば、前件の動詞が「〜ている」となって動作の継続が表されるもののような用例は非常に数が多く、よく使われるかたちであるという。

豊田（1979b）では②について、以下のような用例が挙げられている。

a.　前件に直接時を表すことばがあるもの

（180）春になると、つぐみが来て歌を歌い、ヒースの花はつつましい
　　　目つきでまつの木を見上げました。

b.　前件に直接時を表すことばはないが、やはり前件はある時になった
　　ことを表すもの

（181）東の空が明るくなると、童子を連れて、子期の住む集賢村へと
　　　向かった。

c.　前件に「しばらく、二・三分」などある時の長さを表すことばに
　　「すると」がついて、ある時の経過を表すものなど

（182）しばらくすると、兵十は、あみを水の中から持ち上げました。
（183）二・三分すると、冴子がやって来た。

2.4.2　蓮沼ほか（2001）

　蓮沼ほか（2001）によれば、前件が動作の持続を表し、後件が過去の
1回の出来事を表す場合は、「前件の最中に、後件が起こった」という
意味を表す。この場合も前件の最中に「後件を発見する・気づく」とい

うニュアンスがあり、「と」・「たら」は使えるという。

　　　　　Ａが～していると、Ｂが～した。

　　　　　Ａが～していたら、Ｂが～した。

（184）本を読んでいると、電話が鳴った。

（185）本を読んでいたら、電話が鳴った。

また、以下の文が取り上げられている。

（186）一人で空を眺めていると、向こうから友人たちが近づいてき
　　　　た。

（187）昔の写真を眺めていると、なんだか急に悲しくなった。

（188）私が何も言わないでいたら、先生は突然怒り始めた。

2.4.3　日本語記述文法研究会（2008）

　日本語記述文法研究会（2008）によれば、従属節が動作の継続状態を
表し、主節がその最中に起こった事柄を表す場合がある。

（189）音楽を聴いていたら、宅配の人が来た。

（190）１人で食事をしていると、携帯電話が鳴った。

　この場合も、従属節の主体が主節の事態を発見するという意味を表
す。ただし、従属節の事態と主節の事態の間には因果関係はない。「た
ら」「と」が用いられるという。

2.4.4　前田（2009）

　前田（2009）では「発現」の定義、形および特徴は以下のように示されている。

　発現（A が〜していると B が〜した。）とは、前件の状態の最中に後件の動作が発生する関係を表す。

前田（2009:73）

　前田（2009）によれば、「発現」とは鈴木（1986）による命名であり、前件に継続中の動作がきて、その最中に一回性の後件が偶発的に起こることを述べる場合を指す。前件と後件には基本的には因果関係がなく[20]、「している時」と置き換えられることから、豊田（1982）では「時」を表すとされていたという。

　主体が同一の場合は、後件に前件（かつ後件）の主体の無意識的な新たな状況・感情発現が来る。

　主体が別の場合は、「している時」に近づく。

前田（2009:85-86）

---

20)　前田（2009）では、「熱い日本酒で、揚げたての天ぷらを食べていると体があたたまってきた。」のような、前件と後件に因果関係があると感じられる用例が取り上げられている。前田は「日本酒を飲み天ぷらを食べると言う前件が体が温まると言う後件を引き起こしたと言うことを述べるのではなく（もしそうならば、「から」「ので」を用いる）、飲食の最中の身体状況の変化を述べていると見るべきだろう」（2009:85）と述べている。

前田（2009）で取り上げられている主体が同一の場合の用例は以下のようになる。

(191) 音楽を聴いていると眠くなってきた。

(192) 西洋風呂の浴槽に横たわっていると、なにもかも、わずらわしくなって、いっそ、浩之との結婚も取りやめにしてしまいたいような気分になった。（午後の恋人）

また、前田（2009）で取り上げられている主体が別の場合の用例は以下の通りである。

(193) 夜、お袋と食事をしていると、電話があった。（窓を開けますか？）

(194) ある夜、Ｈとやはりトーストを食べていると、一人の若い女が入ってきトーストを頼んだ。（どくとるマンボウ航海記）

2.4.5 「発現」についてのまとめ

以上で、４つの先行研究における「発現」用法を取り上げた。蓮沼ほか（2009）では「発現」を「発見」の一部として述べている。用法を見ると、日本語記述文法研究会（2008）と前田（2009）とはほぼ一致している。また、前田（2009）は豊田（1979b）を参照したが、両者は完全に一致はしていない。豊田（1979b）は「時」の意味の又の前項を２タイプに分けており、①は前項の動詞が「〜ている」と動作の継続を表しているもの、②は前項が「春になると」というような時を表すことばで

構成されるものである。そして、タイプ①とタイプ②がさらに細かく分けられている。タイプ①の中に、a.「前項の動詞が「〜ている」となって動作の継続が表されるもの」、b.「動詞自身が動作の継続・状態を表すもの」、c.「他の要素が加わって、ある時間動作が継続していたことを表すもの」がある。前田（2009）による「発現」はかたちが「A が〜していると B が〜した」と規定されている。このかたちを豊田（1979b）に照らし合わせると、豊田によるタイプ①の a.「前項の動詞が「〜ている」となって動作の継続が表されるもの」にあたる。前田（2009）では、このタイプしか扱われていないようである。

　本書は、前田（2009）による「発現」の名称を取る。また、かたちと用法については豊田（1979b）を参考にして「発現」と「時」に分ける。前項の動詞がタイプ①（「〜ている」となって動作の継続が表されるもの、動詞自身が動作の継続・状態を表すもの、または、その他の要素によって動作・作用がある時間継続している意味を表すもの）であるものの文を「発現」、前項がタイプ②（時を表すことばで構成されているもの）であるものの文を「時」にする。

第3章
本研究による事実条件文の捉え方

　第2章では、豊田（1978、1979a、1979b、1982）、蓮沼ほか（2001）、日本語記述文法研究会（2008）、前田（2009）という事実条件文に関する先行研究を4つ取り上げた。これらの先行研究では、「連続」「きっかけ」「発見」「発現」用法は共有されているものの、各研究における用法の分類基準が異なるため、同じ文であっても、まったく別の用法とされていることが見られた。前田（2009）は前件と後件の主体の異同を「連続」と「きっかけ」の分類の基準としている。日本語記述文法研究会（2008）は前田（2009）と同じ立場をとっている。一方、豊田は前件と後件に因果関係があるか否かによって「連続」と「きっかけ」を分類している。「連続」と「きっかけ」の区分では蓮沼ほか（2001）は豊田と同じ立場をとっている。また、「発現」については、日本語記述文法研究会（2008）と前田（2009）は形式が違うことによって「発見」と区別して捉えている一方、蓮沼ほか（2001）は「発現」を「発見」の一種と捉えている。豊田は「発現」を「時」を表す文の一つタイプとしている。豊田による「時」を表す文には、前件が時を表すことばで構成されているもの、あるいは、前件が時を意味するものというタイプもある。

　以下では本書による事実条件文の分類を述べる。本書は、前田（2009）と豊田（1979b）による事実条件文の分類方法に基づき、事実条件文を分類する。前田（2009）は、事実条件文を「連続」「きっかけ」「発見」「発現」という 4 つの用法に分類している。本書は前田（2009）を踏まえ、さらに豊田（1979b）を参考にする。また、豊田（1979b）では前田（2009）と日本語記述文法研究会（2008）では捉えていない「前件が時を表すことばで構成されているもの」「前件が時を意味するもの」を「時」用法とし、前田（2009）による 4 つの用法に加えて事実条件文を 5 つに分類する。各用法の定義を以下のように示す。

・連続とは、同一主体の連続する動作を表す場合である。
・きっかけとは、異主体の連続する動作を表す場合である。
・発見とは、前件の動作によって後件の状態を発見する場合である。
・発現とは、前件の動作や状態の最中に後件の動作が発生する関係を表す場合である。
・時とは、前件が時を表す言葉、または時を意味するもので、後件がその時行われた動作・作用を表す場合である。

　第 2 部では、この分類基準に従って、5 つのコーパスを利用して日本語母語話者と日本語学習者による事実条件文の使用について分析と考察を行う。なお、第 2 部の各章は、既発表の論文や発表の原稿をもとに、さらに加筆修正を加えたものである。以下では、それぞれの章の元になった論文を示す。第 7 章は「第 12 回国際日本語教育日本研究シンポジウム」での発表原稿を加筆修正したものである。

第 4 章　『BCCWJ』による事実条件文の述語に関する調査と考察

　「BCCWJ による事実条件文の述語動詞に関する調査と考察—「連続」、「きっかけ」を表す文を対象に—」『専修国文』106　2020 年 1 月

第 5 章　『KY コーパス』による中国母語話者の事実条件文の習得に関する調査と考察

　「中国語母語話者の日本語の事実条件文の習得について」『専修国文』97　2015 年 9 月

第 6 章　『YNU 書き言葉コーパス』による中国語母語話者の事実条件文の使用状況に関する調査

　「上級の中国語母語話者による事実条件文の使用状況— YNU 書き言葉コーパスの調査を通して—」『専修国文』101　2017 年 9 月

第 8 章　『中日対訳コーパス』による「たら」形式条件文の中国語訳に関する調査

　「中国語母語話者の日本語の事実条件文の習得について」『専修国文』97　2015 年 9 月

第 2 部
_____

コーパスによる事実条件文についての
分析と考察

第 4 章

『BCCWJ』による事実条件文の述語に
関する調査と考察

1　はじめに

　日本語記述文法研究会（2008）によれば、条件文が、過去に 1 回の事態が成立したことを意味する場合がある。このような条件文を事実条件文という。事実条件文は「たら」「と」によって表されるという。日本語記述文法研究会（2008）では、事実条件文は「連続」「きっかけ」「発見」「発現」という 4 種の用法に分けられている。また、豊田は接続助詞「と」について働きと機能によって用法を分類している。豊田（1979b）では、時を表す事実条件文の前項が、「前項の動詞が継続の意味を表すもの」と、「前項が時を表すことばで構成されているもの」に分けられている。前者は日本語記述文法研究会（2008）による「発現」にあたる。後者は日本語記述文法研究会（2008）では論じられていない。本研究は、事実条件文のうちに「前項が時を表すことばで構成されている」ものを「時」とし、日本語記述文法研究会（2008）による 4 種

の事実条件文に「時」を加えて、事実条件文を 5 種に分類する。

　豊田 (1978) で、事実条件文にあたる用法は、かたちが示された上で、前件と後件の述語動詞について考察が行われている。豊田は「と」形式の事実条件文の用法や特徴を詳しく述べているが、「たら」形式の考察が行われていない。本研究は、日本語記述文法研究会 (2008) による事実条件文の分類基準に基づき、事実条件文を分類した上で、豊田の論を踏まえ、「連続」と「きっかけ」文を対象に、「と」と「たら」形式の事実条件文における前件と後件の述語に対して考察を行う。特に述語に現れた動詞に注目し、前件と後件に現れる述語の数量的分布と意味的な性質の傾向を分析して「と」と「たら」文の違いを検討する。本研究は、国立国語研究所によって開発された『現代日本語書き言葉均衡コーパス』（以下 BCCWJ と略する）を、コーパス検索アプリケーションの「中納言」を利用して調査し、考察を行う。書籍のほか、ネットデータなども収録されていることが BCCWJ を利用する理由となる。

2　先行研究

　日本語記述文法研究会 (2008) によれば、順接条件節の基本的なタイプには仮説条件文、反事実条件文、一般条件文、反復条件文、事実条件文の 5 種がある。それぞれの定義と用例は以下のように示されている。

　仮説条件文とは、まだ起こっていない事態の仮定的因果関係を予測する条件文である。

（195）この薬を飲めば、熱が下がるだろう。

　反事実条件文とは、原因も結果も事実に反する事態であり、現実とは逆の事態が起こっていれば別の結果が起こったであろうということを予測する条件文である。

（196）この薬を飲めば、熱が下がったのに。

　一般条件文とは、因果関係が一般的に常に成立することを示す条件文である。

（197）解熱剤を飲めば、熱は下がる。

　反復条件文とは、反復的な因果関係を表す条件文である。

（198）私は、この薬を飲めば、熱が下がる。

　事実条件文とは、原因も結果も事実である条件文である。

（199）薬を飲んだら、熱が下がった。

　これらのうち、事実条件文については、本研究ではさらに以下の5つの場合に分けている。なお①〜④は日本語記述文法研究会（2008）に基づいたものである。

①同じ主体の動作の連続を表す場合（以下「連続」と略する）

　「連続」については、日本語記述文法研究会（2008）によれば、従属節の事態と主節の事態には直接的な因果関係はない場合は、「と」が用いられるという。

（200）冷蔵庫を開けると、ビールを取り出した。

　また、主節の状態は、従属節の事態によって引き起こされ、従属節の事態と主節の事態の間に因果関係がある場合は、「たら」が用いられることもあるという。このような場合、主節が無意志的な動きであるとされている。

（201）布団に入ったら、すぐ寝てしまった。
（202）ほめられたら、うれしくなった。

②従属節と主節の主体が違い、従属節の事態が主節の事態を引き起こすきっかけを表す場合（以下「きっかけ」と略する）

（203）妹が泣き出したら、兄は何も言えなくなった。
（204）兄が怒ると、妹が泣き出した。

③従属節の動作をきっかけにして、主節の状態を従属節の主体が発見するという意味を表す場合（以下「発見」と略する）

（205）その料理を食べてみたら、おいしかった。

（206）道をまっすぐ行くと、右手に郵便局があった。

④従属節が動作の継続状態を表し、主節がその最中に起こった事柄を表す場合（以下「発現」[1]と略する）

（207）音楽を聴いていたら、宅配の人が来た。
（208）1 人で食事をしていると、携帯電話が鳴った。

「発現」も、従属節の主体が主節の事態を発見するという意味を表す。ただし、従属節の事態と主節の事態の間には因果関係はないという。

⑤従属節が時を表す言葉、または時を意味するもので、主節がその時行われた動作・作用を表す場合（以下「時」[2]と略する）

---

1) 「発現」という名称は前田（2009）を参照した。前田（2009：73）によれば、「「発現」（A が〜しているとB が〜した。）とは、前件の継続的状態が存在している時に後件が発生する場合である」という。
2) 豊田（1979b）では「時」を表す用法が紹介されている。豊田（1979b）による「時」というのは、「前項が時を表し、後項がその時行われた動作・作用をあらわすものである」（p.92）と定義されている。豊田（1979b）では、「時」の意味の文の前項が大よそその形が以下の2つに大きく分けられている。
a. 前項の動詞が「〜ている」と動作の継続を表しているもの
b. 前項が「朝になると」というように時を表すことばで構成されているもの
事実条件文の分類基準について豊田（1979b）と日本語記述文法研究会（2008）とは見解に相違がある。日本語記述文法研究会（2008）ではa は「発現」や「きっかけ」として扱われているが、b については言及されていない。本研究は豊田（1979b）による「時」b 用法を「時」とする。日本語記述文法研究会（2008）による4種の分類に「時」を加えて、事実条件文を5種に分類している。

（209）朝になる<u>と</u>、三人の船長はみんなびっくりしました。

（210）ガイドの説明が終わる<u>と</u>、せきたてられるようにして去って
　　　　いった

　本研究は、まず、日本語記述文法研究会（2008）に基づき、BCCWJ
から収集した条件文を事実条件文とそのほかの条件文とに分ける。次
に、事実条件文を用法別に分類する。その上で、本研究では特に「連
続」と「きっかけ」文を対象に考察を行う。

3　データ作成の手順

　BCCWJ から、コーパス検索アプリケーションの「中納言」を利用し
てデータを収集し、考察を行う。データ作成の手順は以下の通りであ
る。

①「中納言」[3] のコーパスのメニューから、『現代日本語書き言葉均衡
　　コーパス通常版』を選択する。

②検索画面から「短単位検索」を使って、検索対象をすべて選択す
　　る。

③「〜と〜た」「〜と〜だ」「〜たら（だら）〜た」「〜たら（だら）
　　〜だ」という形の文を検索するために、以下のように検索条件を指
　　定し、検索を行う[4]。なお、「と」（「〜と〜た」「〜と〜だ」）の検

3）　中納言 https://chunagon.ninjal.ac.jp/（2019/9/23）

索方法を図2‐1に示し、「たら」（「～たら（だら）～た」「～たら（だら）～だ」）の検索方法を図2‐2に示す。

④検索した結果、「と」条件文は5万1220件であり、「たら」条件文は1万2641件であった。検索結果をダウンロードする。

⑤ダウンロードしたcsvファイルをExcelに読み込み、A列の前に1列を挿入し、通し番号を作る。

⑥等間隔抽出法を用いて、「と」は5万1220件から、「たら」は1万2641件からそれぞれ1000例ずつを抽出する。総数を抽出数で割って抽出間隔を求める。「と」は50分の1、「たら」は12分の1の割合で抽出を行った。得られた用例数は「と」は1025件、「たら」は1054件である。それぞれ上位の1000例をとる。

⑦「と」、「たら」をそれぞれ1000例得たら、それぞれを新しいExcel表にまとめる。

⑧2000例を事実条件文と「そのほか」の条件文に分け、事実条件文の分類基準に沿って用例を5種に分類する。

---

4)　なお、この指定条件に従って検索すると、文末が「た」または「だ」で終わるものしか取れない。「…たのよ」「…たのね」「…たようである」「…たらしいです」「…たという」など、文末最後の仮名が「た」または「だ」でない事実条件文が取れない。

図2-1　「と」条件文の検索方法　コーパス検索アプリケーション「中納言」検索画面

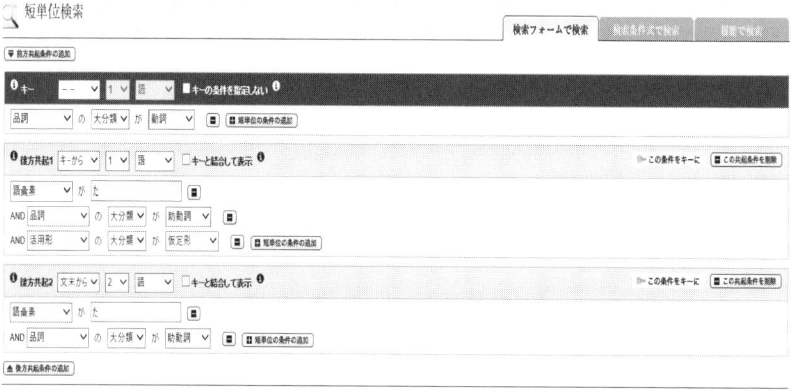

図2-2　「たら」条件文の検索方法　コーパス検索アプリケーション「中納言」検索画面
出所：国立国語研究所　コーパス検索アプリケーション「中納言」

4　分析と考察

4.1　事実条件文の各用法の使用状況

　「と」と「たら」の 1000 例ずつから事実条件文を取り出して、各用法の用例数を集計した。結果を示すと以下のようになる。

　図 2 - 3 は各用法による「と」と「たら」の使用状況を比較するグラフである。「と」と「たら」の使用を比べてみると、「時」、「連続」、「きっかけ」の文においては「と」は「たら」より多く使われている。「発現」の文では「たら」の方は多用されている。本研究は、「連続」と「きっかけ」の文を対象に考察・分析を行う。次節で具体的に用例を見ながら、「連続」と「きっかけ」の文における前件と後件の述語動詞を考察し、「と」と「たら」の特徴を検討する。

　続いて、BCCWJ から収集した事実条件文をレジスター[5] によって分類し、事実条件文の「と」と「たら」の使用状況を考察した。図 2 - 4 は、レジスターを左から「と」の方が多い順に並べた。これを見ると、「と」は「たら」より書籍類でよく用いられている。一方、知恵袋とブログにおいては「たら」は「と」よりはるかに多く使われている。また、白書と雑誌には「たら」が見られなかった。出版・新聞では事実条件文は「と」も「たら」も出ていない。出現したレジスターを分けてみ

---

5)　BCCWJ には書籍、新聞、雑誌、知恵袋、ブログ等様々なメディアジャンルのテキストが集まっている。レジスター（register）はメディアジャンルのことを指している。

表 2-1　事実条件文の各用法の使用状況

形式＼用法	連続	きっかけ	発見	発現	時	そのほか	合計
と	232	287	214	40	65	162	1000
たら	110	212	176	141	8	353	1000
合計	342	499	390	181	73	515	2000

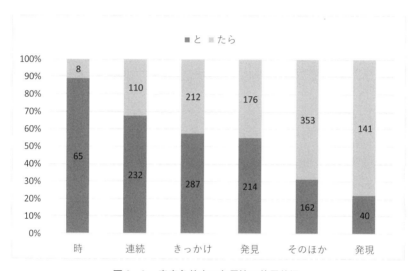

図 2-3　事実条件文の各用法の使用状況

ると、大まかに紙媒体とネット媒体に分けられる。「と」は紙媒体でよく用いられる。一方、「たら」はネット媒体でよく使われる傾向が見られた。また、各レジスターの属性を見ると、知恵袋とブログは新聞や雑誌と違って、話し言葉っぽい書き言葉であるという性質をもつため、「たら」はくだけた書き言葉や話し言葉でよく使い、「と」はどのような場面でも使うが、特に書き言葉でよく使うということが考えられる。

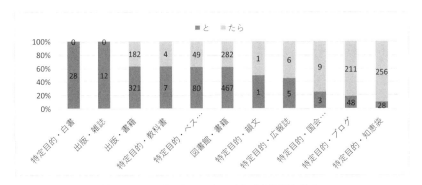

図2-4 レジスターによって分けた事実条件文

4.2 「連続」について

　日本語記述文法研究会（2008）による「連続」の分類基準に基づき、BCCWJ から「連続」の文を抽出した。「と」、「たら」の1000例ずつから、「と」を232例、「たら」を110例得た。

　前節では、日本語記述文法研究会（2008）による「連続」の用法を取り上げた。「と」と「たら」の特徴をまとめると、動作の連続を表す場合、「と」と「たら」によって表される。前件と後件に直接的な因果関係がない場合は「と」だけが用いられるが、前件と後件に因果関係が見られる場合は「と」と「たら」両方が使える。また、前件と後件に因果関係が見られる場合の「連続」文では、後件が無意志的な動きとなる。本研究は、前件と後件における因果関係の有無によって収集した「連続」の文を「因果関係あり」と「因果関係なし」に分ける。

　前件と後件における因果関係がある「連続」の文の用例

(211) このインコは下にローレンツの姿を見つけると、大きな声で
　　　 "ドクトール" と叫ぶのだった。(LBh2_00079[6])

(212) 落札者にその旨を伝えたら、取引を続けて欲しいといわれ、無
　　　 事に取引終了しました。(OC14_02156)

前件と後件における因果関係がない「連続」の文の用例

(213) 椅子に腰をおろすと、仕事を再開し始めた。(LBg9_00088)

(214) ぬいぐるみをソファに座らせておいたら自分で持って布団に寝
　　　 かせておなかをツンツンして遊んでた。(OY08_00571)

用例数を示すと以下のようになる。

　図 2 - 5 は、前件と後件における因果関係の有無によって分けた「連
続」の文の使用状況をグラフにしたものである。「と」と「たら」の使
用を比較してみると、「連続」の文における前件と後件に因果関係があ
る場合は、「と」と「たら」の使用は大きな差が見られない。一方、前
件と後件に因果関係がない「連続」の文ではほぼ「と」が用いられてい
るが、前件と後件に因果関係がない場合に用いられないはずとされる
「たら」の例も 35 例観察された。日本語記述文法研究会（2008）では、
従属節の事態と主節の事態に直接的な因果関係がない同じ主体による動
作の連続を表す場合は「と」が用いられる。一方、前件と後件に因果関
係があり、主節が無意志的な動きである場合には「たら」が用いられる
と述べている。ところが、今回の調査では、前件と後件に因果関係が見

---

6)　BCCWJ によるサンプル ID である。以下同様。

表 2-2　前件と後件における因果関係の有無によって分けた「連続」文の使用状況

形式＼項目	因果関係あり	因果関係なし	合計
と	52	180	232
たら	75	35	110
合計	127	215	342

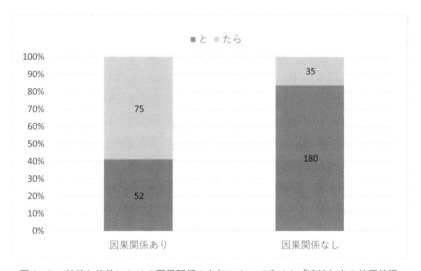

図 2-5　前件と後件における因果関係の有無によって分けた「連続」文の使用状況

られなかった。また、後件が意志的な動きとなっている「たら」の連続文も観察された。このように、先行研究で捉えられていない連続用法が日本語母語話者によって使われている。用例を示すと以下のようになる。

(215) 今日東京についたらまずご飯を多少食べました。(OY14_51416)

(216) 私は日本に行ったら、伊勢神宮や明治神宮、そして靖國神社に参拝し、一月二日には皇居参賀をしました。(LBl2_00021)

　次は、「連続」の文の前件と後件の述語動詞をそれぞれ考察する。まず、「と」と「たら」によって表されている連続の文の前件述語に見られた動詞を頻度順で上位10個まで取り上げて表2-3に示す。

　豊田（1978）では、連続を表す文における前件の動詞が次のように分けられている。

表2-3　「連続」文の前件述語に現れる動詞

「と」前件述語

順位	項目	件数
1	言う	19
2	する	17
3	見る	7
4	思う	6
5	聞く（知覚）	5
5	出る	5
7	立ち上がる	4
7	取る	4
7	呟く	4
10	済ます	3

「たら」前件述語

順位	項目	件数
1	する	26
2	言う	12
3	思う	7
4	行く	5
4	聞く（問う）	5
6	出す	3
6	帰る	3
8	書く	2
8	答える	2
8	頼む	2

　これらの文の前項の動詞、つまり、第一の動作を表す動詞をみると、大きく2つに分けられる。

　　①第一の動作を表す動詞が動作の完了を意味するもの、または、その動詞が動作の完了も示せるもの。

　　②第一の動作を表す動詞が、その動作をしたあと、対象の状態の変化の結果がのこるもの。

（豊田1978：39-40）

　では、次に豊田（1978）による動詞の分類に基づき、表2-3における動詞を分類してみる。

　表2-4で示されているように、「と」「たら」のいずれも前件述語の

表2-4　「連続」文の前件述語動詞の種類

「と」前件述語

項目	動詞種類
言う	動作完了
する	動作完了
見る	動作完了
思う	状態結果
聞く（知覚）	動作完了
出る	動作完了
立ち上がる	動作完了
取る	状態結果
呟く	動作完了
済ます	動作完了

「たら」前件述語

項目	動詞種類
する	動作完了
言う	動作完了
思う	状態結果
行く	状態結果
聞く（問う）	動作完了
出す	動作完了
帰る	状態結果
書く	動作完了
答える	動作完了
頼む	動作完了

動詞に動作の完了を意味するものが多い。一方、対象の状態の変化結果が残ることを意味する動詞を見ると、「と」では「思う」「取る」など、「たら」では「思う」「行く」「帰る」などが見られた。

動作完了を意味する動詞の用例

(217) 女警部は二人の女子大生に丁重な礼を言う<u>と</u>、二人を帰らせた。(LBd9_00102)

(218) ボキューズはシャンパンのボトルを空にする<u>と</u>、もう一度家の様子を見せてくれといった。(LBg9_00004)

(219) わたしを見る<u>と</u>手を止めた。(LBm9_00150)

(220) 会社を辞めることを言っ<u>たら</u>、衣川に、馬鹿だといわれた。(OB5X_00214)

(221) 7年くらい一人暮らしをしていると言う男性(二十五歳)に聞い<u>たら</u>「自炊よりも一人分の惣菜買ったほうが安くつくよ」と言われました。(OC08_04644)

(222) 何故でしょうかと質問を書い<u>たら</u>、速攻で消されてしまいました。(OC14_06051)

対象の状態の変化結果が残ることを意味する動詞の用例

(223) ワイシャツをクリーニングに出すのは私だと思う<u>と</u>、丸めて火をつけたい思いに真紀子は駆られた。(LBn3_00051)

(224) 店主に何か言ってシャンパンの入っていたバケツを取る<u>と</u>、何事もなかったのように再び歩き出した。(PB49_00300)

(225) 口臭がくさかった時があったとか、そういう事も思い出します

か？そう思っ<u>たら</u>、これからはいつでも清潔に、完璧にしてなきゃと思いました。（OC15_01466）

（226）それで私が彼の発掘現場に見に行っ<u>たら</u>、釣針を見つけてしまった。（LBo2_00001）

また、「と」、「たら」の連続文における後件述語の上位10個を示すと表2-5のようになる。

「と」が用いられる連続文の後件述語動詞は意志動詞ばかりである。一方、「たら」が用いられる連続文の後件述語を見ると、意志動詞が多いが無意志動詞も見られた。

表2-5　「連続」文の後件述語に現れる動詞

「と」後件述語

順位	項目	件数
1	する	20
2	言う	11
3	出る	9
3	向かう	9
5	座る	4
6	置く	3
6	叩く	3
6	取り出す	3
6	振り返る	3
6	見る	3

「たら」後件述語

順位	項目	件数
1	する	26
2	言う	19
3	怒る	3
3	驚く	3
3	なる	3
6	切る	2
6	思う	2
6	（声を）かける	2
6	もらう	2
10	行く	1

(227)　リスが落としていった林檎を一つ拾って齧ってみ<u>たら</u>、その懐かしい味わいに<u>驚いた</u>。（LBf9_00128）

(228)　ジゼルは気づい<u>たら</u>自分がハルのことで夢中になってるのに、照れ臭く<u>なった</u>。（OY13_03910）

(229)　ふと高窓から見<u>たらば</u>雪かと<u>思った</u>。（PB29_00042）

　続いて、前件と後件に因果関係が見られる場合と見られない場合に分けて連続文の述語を考察する。まず、因果関係が見られる場合の前件述語の動詞を上位 10 個まで挙げる。

　表 2 - 6 を見ると、「と」が用いられる前、後件に因果関係がある連続文の前件述語動詞には感覚動詞（「見る」「聞く（知覚）」「気がつく」）

表 2-6　前、後件に因果関係がある「連続」文の前件述語動詞

「と」因果関係あり　前件述語

順位	項目	件数
1	見る	7
2	する	6
3	聞く（知覚）	5
4	思う	3
4	知る	3
6	気がつく	2
6	言う	2
8	上がる	1
8	開ける	1
8	くぐり抜ける	1

「たら」因果関係あり　前件述語

順位	項目	件数
1	する	19
2	言う	12
3	聞く（問う）	5
4	思う	4
5	行く	2
5	書く	2
5	問い合わせる	2
8	会う	1
8	齧る	1
8	考える	1

や思考動詞（「思う」）が多い。一方、「たら」が用いられる前、後件に因果関係がある連続文の前件述語動詞には言語活動を表す動詞（「言う」「聞く（問う）」「問い合わせる」）が多い。

(230) ヴァルはメルツァーを見ると、にっこりと安堵の微笑を浮かべた。（PB49_00779）

(231) それを聞くと、ミシン、貴方は眼をかっと見開き、寝転んだまま、私の顔を凝視し、胸倉を摑みました。（LBs9_00279）

(232) この監房の中によどんでいる底意に気がつくと、慄然とした。（OB3X_00119）

(233) 男の目で見られている、と思うと、軽い緊張に襲われた。（PB49_00062）

(234) 十九歳の弟と旅行に行くのっておかしいですか？友達に言ったら驚かれました。（OC09_01922）

(235)「今度書類を持っていたら、お金はかかりますか？」と聞いたら、「その書類をみてみないとわかりません。」＃と言われました。（OC09_03807）

(236) 販売店に問い合わせたら、合う訳がありませんと言われてしまったのですがやはり装着出来ませんでした。（OC02_07337）

　また、前件と後件に因果関係が見られる場合の連続文の後件述語を考察する。前件と後件に因果関係が見られた場合、「たら」形式の連続文では、後件述語動詞に「れる／られる」（受身）、「てしまう」が付加されるかたちが多く見られた。特に「たら」形式の文は後件が受身によっ

て表されているものが多い。また、受身が使われる文では、迷惑（悪影響・被害）を被ることを意味する場面が多い。この時の後件述語動詞には、「逃げる」「逆切れる」「怒る」「削除する」などのようなマイナスの意味を表す言葉が多い。または、「言う」の受身にマイナスの意味を表す言葉を伴うことによって、動作主が被害を受けた意味合いを示す場面が多く見られた。受身が用いられる理由は「連続」は同一主体による2つ動作の連続とされている。主体の同一を保つために後件で受身が使われると考えられる。ところで、動詞の受身と組み合わさるかたちの事実条件文は、「と」形式には多く見られないため、これは「たら」形式の特徴であると考えられる。

(237) お酒が飲めないからと断わろうとすると、それなりの趣向が用意してございますからと強く勧められた。（LBs9_00126）

(238) その中で出身地長野の思い出や『愛のシーサー』について話したら、尚先生から「検事正、今朝車の中でラジオを聞きましたよ」といわれて、冷や汗をかいた。（PB16_00115）

(239) このように質問したら即効で削除されました。（OC14_03898）

(240) 隙を見せたら逃げられてしまいました。（LBn9_00234）

(241) この間もドライブ中にそれとなく聞いたら、昼間から何言ってるんだよと怒られ、あまりしつこく言うなら車から降りろと言われて悲しくなりました。（OC09_14276）

(242) 「デート中にメールするのはやめろよ」と注意したら、「たかがそれくらいでグチグチ言うなんて男らしくない」とか、「そんな心の狭い人だと思わなかった」と逆切れされました。

（OC09_06615）

4.3 「きっかけ」について

　「きっかけ」の事実条件文について、日本語記述文法研究会（2008）によれば、従属節と主節の主体が違う場合がある。この場合は、従属節の事態が主節の事態を引き起こすきっかけを表すという。また、前田（2009：77）によれば、「異主体による動作の連続であるきっかけ用法では、連続の場合とは異なり、前件が後件を引き起こすと言う因果関係を持つ。前件・後件ともに、意志的な場合・無意志的な場合が可能であり、「たら」に置き換えることもできる」という。以下、前田（2009）に基づき、「きっかけ」の文を前件・後件を意志的な場合と無意志的な場合に分けて考察する。

　「きっかけ」の分類基準に基づき、BCCWJ からきっかけの文を抽出した。「と」、「たら」の 1000 例ずつから、「と」を 287 例、「たら」を 212 例得た。なお、そのうち、接続助詞の用例が含まれて「すると」は 31 例、「そしたら」／「そうしたら」は 10 例があった。以下では、述語動詞を意志的動詞と無意志的動詞に分けてきっかけ文を考察していく。まず、前件述語動詞を意志的と無意志的とに分けて見よう。以下の表 2 - 7 で示されている出現数は接続助詞を除いた数である。

　図 2 - 6 は、意志・無意志によってきっかけ文の前件述語動詞の使用状況をグラフにしたものである。「と」と「たら」を見ると、両者いずれも前件述語に意志的動詞が多く用いられていることがわかる。「と」「たら」の前件述語動詞を上位 10 個まで示すと表 2 - 8 のようになる。

表 2-7　意志・無意志による「きっかけ」文の前件述語動詞の分類

形式　項目	意志	無意志	合計
と	208	48	256
たら	181	21	202
合計	389	69	458

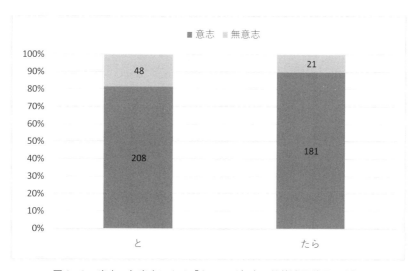

図 2-6　意志・無意志による「きっかけ」文の前件述語動詞の分類

　上のきっかけ文の前件述語に多く現れる動詞を意味内容によって分類すると、動作動詞（「する」「飲む」「行く」「入る」「使う」「入れる」「来る」）、言語活動動詞（「言う」「聞く（問う）」「尋ねる」）、思考動詞（「思う」）、視覚動詞（「見る」）、変化を表す動詞（「なる」）に分けられる。

表 2-8 　「きっかけ」文の前件述語に現れる動詞

「と」前件述語 　　　　　　　　　　　　「たら」前件述語

順位	項目	件数
1	言う	26
2	する	25
3	なる	13
4	聞く（問う）	8
5	思う	6
6	入る	5
6	見る	5
8	尋ねる	4
9	入れる	3
9	来る	3

順位	項目	件数
1	する	45
2	言う	19
3	聞く（問う）	15
4	思う	9
5	飲む	7
6	行く	6
7	尋ねる	5
7	見る	5
9	なる	4
10	入れる	3

表 2-9 　意志・無意志による「きっかけ」文の後件述語動詞の分類

形式　項目	意志	無意志	合計
と	153	103	256
たら	97	105	202
合計	250	208	458

　次に、きっかけ文の後件述語を見よう。後件述語に現れた動詞を意志的・無意志的に分けて「と」「たら」の用例数を示すと表 2-9 のようになる。

　図 2-7 は、意志・無意志によって「きっかけ」文の後件述語動詞の

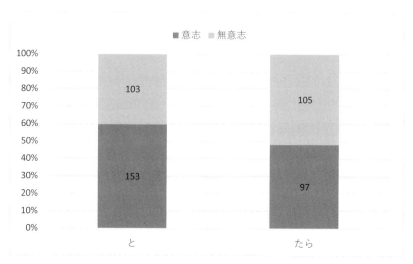

図 2-7　意志・無意志による「きっかけ」文の後件述語動詞の分類

使用状況をグラフにしたものである。「と」と「たら」を比較してみると、結果が逆になっている。図 2-7 を見るとわかるように、「と」形式のきっかけ文の後件述語では、意志的な動詞が無意志的動詞より多く用いられている。一方、「たら」形式のきっかけ文の後件述語では、意志的動詞より無意志的動詞の方が多く用いられている。以上をまとめると、「と」形式のきっかけ文の後件述語では、意志的動詞が多用される。「たら」形式のきっかけ文の後件述語では、無意志的な動詞が多用される傾向が見られる。

　豊田（1982）では、きっかけを表す文のかたちが 3 つのタイプに分けられている。

（1）前件の主語 A の働きかけを受けて後件の主語 B が動作をするもの

A が（B に／を）〜すると、B が〜した。

(243) 太郎が花子に質問する<u>と</u>、花子が答えた。

（2）前件の主語 A の働きかけを受けて後件の主語 B が反応の作用をおこすもの

A が B に／を〜すると、B が〜なった。

(244) 太郎がドアをおす<u>と</u>、ドアが開いた。

(245) 太郎が花子をおす<u>と</u>、花子が倒れた。

（3）前件の主語 A の働きかけがなく、後件の主語 B が動作をおこすもの

A が〜なると、B が〜した。

(246) 太郎が倒れそうになる<u>と</u>、花子がささえた。

（豊田 1982：pp2-3）

　豊田（1982）に基づき、上で示した考察結果を見ると、「と」は前件も後件も意志的動詞が現れる割合が高いという結果から、「と」は豊田（1982）によるタイプ（1）のような文でよく使われると推測される。一方、「たら」は前件が意志的動詞、後件が無意志的動詞の場合が多く

観察されたことから、「たら」は豊田（1982）によるタイプ（2）のような文でよく使われると推測される。

(247) ジョエルが出ていくと、リードはアンジーに向き直って言った。（PB29_00406）

(248) ぼくがきくと、母は、すました顔でこたえた。（LBdn_00008）

(249) 福島は傍らの看護婦の目を気にしながら、再三問いかけると、彼女はかすかにうなずいた。（LBe9_00150）

(250) なんでもない安物の CD カセットプレーヤーが壊れたのでダメモトで出品したら三千円で売れました。（OC14_06708）

(251) しばらくして、K さんがきてくれて、すこしいじったら始動できた。（LBn3_00124）

(252) しかも中にコーンを入れたら汁でた。（OY03_00575）

5　まとめ

本章は、先行研究を踏まえ、BCCWJ を用いて「と」と「たら」によって表される事実条件文の「連続」、「きっかけ」文についての考察を行った。特に、事実条件文における前件と後件に現れる述語の数量的な分布と意味的な性質の傾向を分析し、「と」と「たら」の特徴を検討した。その結果、「と」は「たら」より、連続文ときっかけ文で多用される傾向が見られた。前件と後件に因果関係がない場合の「連続」文では、ほぼ「と」が用いられている。また、「と」が用いられる前、後件に因果関係がある連続文の前件述語動詞に感覚動詞、思考動詞が多いこ

とが観察された。「たら」の特徴については、「たら」によって表される
因果関係がある連続文には、後件が受身のかたちになるものが多い。ま
た、きっかけ文の考察を通して、「と」は、「Ａが（Ｂに／を）〜する
と、Ｂが〜した。」のようなかたちの事実条件文ではよく用いられる。
「たら」は「Ａが（Ｂに／を）〜すると、Ｂが〜なった。」のようなかた
ちの事実条件文でよく用いられると考えられる。本研究は BCCWJ を利
用することで、レジスター調査もできた。「と」はどのような場面でも
使うが、特に紙媒体で書き言葉としてよく用いられる。一方、「たら」
はネット媒体でくだけた書き言葉や話し言葉としてよく使われる傾向が
見られた。

　本研究は、事実条件文の「連続」と「きっかけ」の文の述語について
考察した。事実条件文にはほかに、「発見」「発現」「時」の用法がある。
これらの調査と考察を今後の課題としたい。

第5章

『KY コーパス』による中国母語話者の
事実条件文の習得に関する調査と考察

1　はじめに

　日本語の授業では、初級から中上級にかけて条件文の様々な用法が文型として登場する。日本語の条件文は用法と表現形式が多いことから日本語学習者にとって難しい学習項目だと言われる。日本語記述文法研究会（2008）によれば、日本語の条件文は5つの基本的なタイプに分けられる。仮説条件文、反事実条件文、一般条件文、反復条件文、事実条件文である。

(253)　この薬を飲めば、熱が下がるだろう。　〈仮説条件文〉

(254)　この薬を飲めば、熱が下がったのに。　〈反事実条件文〉

(255)　解熱剤を飲めば、熱は下がる。　　　　〈一般条件文〉

(256)　私は、この薬を飲めば、熱が下がる。　〈反復条件文〉

(257)　薬を飲んだら、熱が下がった。　　　　〈事実条件文〉

　李（2011）は、事実条件文は偶然的・一回的事態を表すタクシス[7]性を持つと述べている。中国語では、このようなタクシス時間関係を表す複文は「条件文」とされていない。そのため、中国人日本語学習者に対して日本語の事実条件文の指導が要注意ポイントだと考えられる。

　本研究は、『KY コーパス』を使って、日本語学習者による事実条件文の使用を調査した。その結果、母語を問わず、学習者が日本人のように事実条件文を使う傾向が見られなかった。また、学習者が事実条件文を使う際に起こった誤用が多く考察された。特に中国人日本語学習者による事実条件文の誤用例が多かった。このような調査結果を踏まえ、特に中国人日本語学習者が日本語の事実条件文を上手に使えない原因について考察した。

2　先行研究

　本研究は、日本語記述文法研究会（2008）による条件文の分類法に基づき、KY コーパスから収集した「と」と「たら」形式によって表されるものを分類した。なお、日本語記述文法研究会（2008）による条件文の分類や用法の記述はすでに第 2 章と第 3 章で取り上げている。順接条件節の 5 つの基本的なタイプの分類基準や表現形式、例文などについては、pp.39-41 に示した。

---

7)　工藤（1995:23）によれば、「タクシスとは、一つの出来事と他の出来事との外的時間関係であり、Jakobson 1957 のいう connecter である」という。

3　調査の概要

　ここで、本研究で利用するコーパスを紹介しておく。また、データ収集の手順と条件文の分類方法を述べる。

　本研究の用例はすべて KY コーパスから収集したものである。KY コーパスとは、90 人分の OPI テープを文字化した言語資料である。90 人の被験者を母語別に見ると、中国語（C）、英語（E）、韓国語（K）がそれぞれ 30 人ずつであり、さらに、その 30 人の OPI の判定結果別の内訳はそれぞれ、初級 5 人、中級 10 人、上級 10 人、超級 5 人ずつとなっている。事実条件文は「と」と「たら」形式によって表されるため、本研究は「と」と「たら」形式によって表されるものに限って収集した。なお、データを収集する際には、ワードの検索機能を使って 90 人分の会話資料の原稿を読みながら一つずつチェックしてデータを取った。そして、収集した被験者用例（日本語学習者の用例）とテスター用例（日本語母語話者の用例）をそれぞれ Excel に整理した。

　整理した被験者用例とテスター用例を日本語記述文法研究会（2008）による各タイプの条件文の分類基準に基づき、5 種類に分類した。なお、分類するうちに、「としたら」「とすると」「といったら」「というと」「そうしたら」などのような、日本語の順接条件文の基本的な形式とされておらず、周辺的と考えられる形式の用例がたくさんみつかった。これらの用法は基本的な条件文のタイプではないとはいえ、動詞などと「たら」「と」が組み合わさって複合辞となり、文中で「たら」、「と」条件文の用法と関連のある機能を持つと考えられるため、削らな

いように処理した。これらの用例は「その他」に分類した。

　次に、学習者による順接条件文、特にそのうちの事実条件文の使用について考察を行う。さらに、考察の結果を踏まえて、学習者による事実条件文を使用する際に起こった問題点について分析する。

4　調査の結果と分析

　日本語学習者によって産出された「たら」「と」形式の条件文について考察を行った。KY コーパスから抽出した用例を用法別に分類し、用例数を出した上で表2-10と表2-11の2つの表を作った。

　以下では、まず、学習者によるすべてのタイプの条件文の使用について考察する。次に、事実条件文に注目して考察を行う。

　今回の調査で収集したデータには、「と」より「たら」の条件文のほうが多く取れた。表2-10と表2-11を見ると、「と」と「たら」形式の条件文の5つのタイプで、学習者も日本語母語話者も仮説条件文を最も多く使っている。反事実条件文、一般条件文と反復条件文はあまり使われていない。事実条件文の用例数も少なかった。日本語母語話者の使用を見ると、「と」「たら」の替わりに「そうしたら」「そうすると」のような接続詞用法が文中で多く使われていることがわかった。それに対して、接続詞の用法は学習者にはあまり使われていない。そして、初級には条件文の用例は現れなかった。事実条件文の用例は中級から現れる。

　次に、学習者の事実条件文の使用状況を見よう。表2-10と表2-11を見ると、学習者にも、日本語母語話者にも、「と」と「たら」によって表される事実条件文があまり多く使われていない。特に、日本語母語

表 2-10　KY コーパスによる「たら」の用例数[8]

母語別	レベル	条件文タイプ					機能語			文型	誤用	不明	
		仮説条件文	反事実条件文	一般条件文	反復条件文	事実条件文	仮説	接続	その他				
日本語学習者　中国語　母語話者	初級	0	0	0	0	0	0	0	0	0	0	0	
	中級	38	0	2	5	5	0	3	0	7	0	3	
	上級	59	0	1	3	9	5	2	5	19	0	1	
	超級	31	0	0	2	2	1	0	0	4	0	0	
	合計	128 61.84%	0 0.00%	3 1.45%	10 4.83%	16 7.73%	6 2.90%	5 2.42%	5 2.42%	30 14.49%	0 0.00%	4 1.93%	207 100%
英語　母語話者	初級	0	0	0	0	0	0	0	0	0	0	0	
	中級	13	0	9	1	2	0	4	1	2	0	0	
	上級	46	0	1	3	3	3	3	0	5	3	3	
	超級	32	0	0	1	4	3	3	2	2	0	2	
	合計	91 60.26%	0 0.00%	10 6.62%	5 3.31%	9 5.96%	6 3.97%	10 6.62%	3 1.99%	9 5.96%	3 1.99%	5 3.31	151 100%
韓国語　母語話者	初級	0	0	0	0	0	0	0	0	0	0	0	
	中級	18	0	2	4	0	2	0	0	4	2	0	
	上級	48	0	3	9	0	0	7	2	2	5	0	
	超級	55	0	0	13	6	6	1	4	7	0	0	
	合計	121 58.45%	0 0.00%	5 2.42%	26 12.56%	10 4.83%	8 3.86%	8 3.86%	6 2.90%	13 6.28%	7 3.38%	3 1.45%	207 100%
全体 学習者	合計	340 60.18%	0 0.00%	18 3.19%	41 7.26%	35 6.19%	20 3.54%	23 4.07%	14 2.48%	52 9.20%	10 1.77%	12 2.12%	565 100%
母語話者　日本語		165 60.44%	1 0.37%	0 0.00%	1 0.37%	14 5.13%	20 7.33%	41 15.02%	4 1.47%	27 9.89%	0 0.00%	0 0.00	273 100%

8)　注：仮説：「としたら」「ひょうとしたら」「もしかしたら」

　　　　接続：「そしたら」「そうしたら」「だったら」

　　　　その他：「といったら」

　　　　文型：「たらいい」「たらいけない」

　　　　誤用：コーパスによる判断である。

表2-11　KYコーパスによる「と」の用例数[9]

母語別		レベル	条件文タイプ					機能語			文型	誤用	不明	
			仮説条件文	反事実条件文	一般条件文	反復条件文	事実条件文	仮説	接続	その他				
日本語学習者	母語話者 中国語	初級	0	0	0	0	0	0	0	0	0	0	0	
		中級	3	0	0	1	1	0	0	0	0	1	2	
		上級	41	0	3	5	1	0	3	7	1	0	6	
		超級	32	0	1	0	1	0	0	6	0	0	1	
		合計	76 65.52%	0 0.00%	4 3.45%	6 5.17%	3 2.59%	0 0.00%	3 2.59%	13 11.21%	1 0.86%	1 0.86%	9 7.76%	116 100%
	母語話者 英語	初級	0	0	0	0	0	0	0	0	0	0	0	
		中級	0	0	1	0	0	0	0	0	0	1	0	
		上級	64	0	3	0	5	0	0	6	4	3	5	
		超級	30	0	0	0	2	0	1	9	11	1	1	
		合計	94 63.95%	0 0.00%	4 2.72%	0 0.00%	7 4.76%	0 0.00%	1 0.68%	15 10.20%	15 10.20%	5 3.40%	6 4.08%	147 100%
	母語話者 韓国語	初級	0	0	0	0	0	0	0	0	0	0	0	
		中級	5	0	0	0	1	0	0	0	0	0	1	
		上級	31	0	0	0	1	0	0	2	1	0	0	
		超級	19	0	0	0	0	0	0	5	0	0	1	
		合計	55 82.09%	0 0.00%	0 0.00%	0 0.00%	2 2.99%	0 0.00%	0 0.00%	7 10.45%	1 1.49%	0 0.00%	2 2.99%	67 100%
	全体 学習者	合計	225 68.18%	0 0.00%	8 2.42%	6 1.82%	12 3.64%	0 0.00%	4 1.21%	35 10.61%	17 5.15%	6 1.82%	17 5.15%	330 100%
母語話者 日本語			81 46.91%	0 0.00%	4 2.32%	0 0.00%	4 2.32%	0 0.00%	35 19.95%	50 28.50%	0 0.00%	0 0.00%	0 0.00%	174 100%

話者の用例数は少なかった。これは、KYコーパスはインタビューの形

---

9)　注：接続：「すると」「そうすると」「とすると」
　　　その他：「というと」「によると」
　　　文型：「ないとはいけない」
　　　誤用：コーパスによる判断である。

式でデータを収集したものであり、質問側は主に日本語母語話者によっ
て担当されるため、発話が自由にならず、日本語母語話者の発話の内容
が制限されたという可能性が考えられる。そのため、日本語母語話者の
データの数に影響を与えたと推測される。学習者の事実条件文の用例は
少ないとはいえ、用例を分析したところ、特徴と問題点が見られた。

・日本語学習者による事実条件文の使用に見られた特徴
特徴①
　超級学習者の用例では、主節の述語動詞の時制は過去形ではなく、現
在形となっている。

　ES06　この前、コロラド州に帰ったら、もうあの、カラオケの＊＊
　　　　まであるんですよ。
　KS07　彼は、〈うんー〉行くときにはだん、だーれも声をかけてくれ
　　　　なかったんですけど帰ってきたらこんな状況になってますね。

特徴②
　主節の動詞が省略されている文が観察された。中国語母語話者と韓国
語母語話者の用例に現れた。

　CIL03　京都はー、〈ええ〉、んー、、車いっぱいなあ、〈うんうんうん
　　　　うん〉本当に、これはびっくりしましたにほん来たら、〈うー
　　　　ん〉どこでも車いっぱいなー、自転車少ないなー（と感じた）、
　　　　んー、でも、お寺いっぱいですセーアンも同じです、お寺いっ

ぱいです。

　　（「どこでも車いっぱいなー、自転車少ないなーと感じた。」）

KS06　ドイツーにいるその兄も電話で色々話し<u>たら</u>、〈はい〉話し方
　　とかがにほんじんっぽいっていうか ¦笑い¦ 〈¦笑い¦ そうです
　　か〉ええ、〈へえー〉それはそ正直に言いましてええ。

　　　（本来は「話したら、〜と思った」だが、直接後件にあたる
　　　部分がない。）

特徴③

　日本語母語話者の用例には「たら」「と」形式のかわりに接続詞「そ
したら」「そうすると」によって事実条件が表されるものがあった。接
続詞で事実条件を表すような用法は学習者にはあまり使われていなかっ
た。英語母語話者による1例が観察された。

日本人　Ｓさんが、友達の家に、〈んー、はい〉遊びに行ったんです、
　　　〈はい〉で友達がいなくて友達〈はい〉日本人の友達、〈はい〉
　　　<u>そしたら</u>友達がいなかったんです、友達の弟がいたんです。

日本人　最初はアルバイトをしたんです、〈あそうですねー〉えー、
　　　お金がほしかったから、<u>そしたら</u>、すごく面白かったんです。

日本人　あなたが、次はお友達の家に遊びに行ったとしますね、〈ん〉
　　　<u>そうすると</u>、そのお友達の家には、そのお友達はいなくて、
　　　〈ん〉お友達のお子さんが一人で、お留守番をしていました。

EIM04　西院、えぎからーあの、からーまちー、〈はい〉駅にー、お
　　　るった〈うん〉あの、すー<u>そうしたら</u>ーあのーアパートに帰っ

表2-12 事実条件文の使用者母語別と使用状況

母語別	使用例数	事実条件文			使用例数
		タラ形式	レベル	ト形式	
中国語母語話者	2	CIH02	中級		
	1	CIL03	中級		
	2	CIM01	中級		
			中級	CIM05	1
	3	CA01	上級		
	1	CAH03	上級		
	3	CAH05	上級		
			上級	CAH06	1
	2	CAH07	上級		
			超級	CS01	1
	2	CS02	超級		
英語母語話者	2	EIM05	中級		
	2	EAH06	上級		
			上級	EAH07	5
	1	EAH08	上級		
			超級	ES01	2
	2	ES02	超級		
	1	ES06	超級		
	1	ES07	超級		
韓国語母語話者			中級	KIM03	1
	3	KA02	上級		
	1	KA03	上級		
			上級	KAH01	1
	2	KS06	超級		
	1	KS07	超級		
	3	KS09	超級		
合計	35				12

て、〈うん〉あのー帰ってから、あのー、バッグがなくなったんです。

特徴④

　資料の量が十分でないので確実なことは言えないが、一人の学習者は一つの会話資料の中で、事実条件文としては「たら」「と」いずれか一つの形式のみ使用していて、両方の形式を使用しているケースはなかった。今回の調査による事実条件文の使用者母語別と使用状況をまとめると表２-12のようになる。

・日本語学習者が事実条件文を使用する際に起こった問題点

　収集した事実条件文の用例を見ると、中国語母語話者によって産出された誤用は、英語母語話者と韓国語母語話者より多く観察された。以下では、学習者によって産出された事実条件文の誤用を３つのタイプにまとめた。中国人日本語学習者事実条件文による誤用はすべてのタイプに現れる。

問題点①　接続の間違い

　中国語母語話者の用例に現れた。

CIM05　８時半ぐらいと、〈うん〉起きました。
　　　　（「８時半ぐらいになると、起きました。」）

問題点②　用法の誤用

　学習者が事実条件文の用法を理解していないことによって起こされた誤用や不自然な言い方である。中国語母語話者の用例に現れた。

　　CS02　この前テレビで、〈ええ〉あのー聞いた<u>ら</u>、テレビ見た<u>ら</u>あ
　　　　　のーひとりの学生がねもう 4 年生なんですけど、〈はーは〉図
　　　　　書館には 2 度しかはいらなかったとかー、
　　　　　（「この前（テレビで）聞いたのだけれど」）
　　CA01　急に言われた<u>ら</u>わからなくなった。
　　　　　（ここで「たら」を使うのは不自然である。「急に言われてわか
　　　　　らなくなった。」）

問題点③　文が長すぎる。適当な完結がない

　学習者による事実条件文「たら」の用例には、次のような誤用があった。事実条件文の用法は正しく理解されて、「たら」を使って表されている。ところが、文の最後まで全部テ形で接続し、事実条件文の文末に「た」で終了するべきところもテ形で表されている。事実条件文が表している事態がどこで終わるかの処理ができなかったと考えられる。中国語母語話者と英語母語話者の用例に現れた。

　　CAH05　戦後となった<u>ら</u>ヤースパースが名声挙げてき<u>て</u>ハイデッ
　　　　　　ガーが批判されるようになって、〈んー〉でそんなかで、二
　　　　　　人の、あのー、あのー、なんかな、昔の友情、を考えたり、
　　　　　　それから今の、現実のあのいあのい、い、昔の友情修復、

する余地を探ったりして、〈えー〉面白かったです（「た」）

EAH06 　あの昨日は、実はですね、〈んー〉えーちょっと体育館に行ってみたら、〈んー〉あの、なんかバトミントンの大会が〈んー〉行われていて〈んー〉で上でトレーニングやろうと〈んー〉おもおー思ってたら、あのなんか小学校5年生ぐらい〈はいはいはい〉の子供がたくさんいて、なんかやー外人やーとか言って〈ふーん〉あのちょっとトレーニングしてるところで、なんかこう囲まってきてですねんーあのー（「た」）

　ここまで、KYコーパスを使って、日本語学習者による事実条件文の使用を調査して考察を行った。調査した結果、事実条件文は学習者にも日本語母語話者にもあまり使われていない。特に、「と」によって表される事実条件文の用例数には日本語母語話者の用例数も少なかったが、それは日本語母語話者が質問側を担当するため、発話が自由にならず、発話の内容が制限されることが原因であると考えられる。考察を通して、学習者には日本人のように事実条件文を使う傾向は見られなかった。しかも、学習者は事実条件文を使う際に、誤用しやすい傾向が見られた。特に、中国語母語話者は、英語母語話者と韓国語母語話者より事実条件文の誤用が多く観察された。

5 中国人日本語学習者が日本語の事実条件文を 上手に使えない原因についての分析

　次に、調査結果を踏まえ、教科書を調査して、中国人日本語学習者が事実条件文を上手に使えない原因を分析した。

　中国人日本語学習者が日本語の事実条件文を上手に使えない原因の一つとして、教科書の指導における問題点がある。中国でよく使われる 3 つの教科書を取り上げて分析したところ、用法の導入や用法の説明の仕方に不足する点が存在することが考察された。

　3 つの教科書における事実条件文の各用法について、導入順、用法と例文をまとめた。まとめたものを表 2-13 に示す。

　従来の研究では、事実条件文の分類について、「連続」「きっかけ」「発見」「発現」という 4 種に分ける立場をとる説が多い。表 2-13 を見ると、どの教科書においても用法の紹介が足りない。『新編日語』が事実条件文の用法をより広く導入していると見られるが、説明における曖昧さが感じられる。例文を見ると、「『と』 2 つの事項の並存」と「きっかけ」の用例はいずれも「きっかけ」用法であるが、2 つの用法として教科書に現れる。この 2 つの用法の区別ははっきりしていない。また、『みんなの日本語』では、「きっかけ」用法についての説明は簡潔であるが、物足りないのではないかと思う。

　　　「X たら、Y た」表示动作 X 结束之后，发生了 Y 的结果。
　　訳：「X たら、Y た」は X の動作が終わってから、Y の結果が起

表 2-13　教科書における事実条件文の導入

本	レッスン	用法	例文
『新版中日交流標準日本語』	初級下第 37 課	発見	窓を開けると、富士山が見えました。
『新編日語』	第二冊第 2 課	「と」２つ事項の並存	窓をあけると、寒い風が入りました。
	第二冊第 9 課	「たら」共起（共に起こること）	食べてみたら、思ったよりおいしかったです。
	第四冊第 5 課	きっかけ	男は受話器をとった。「もしもし…」と応答すると、相手は名前を告げた。
		動作の連続	男は電話機を置くと、またベッドにもどった。
『みんなの日本語翻訳・文法解説中国語版』	中級Ⅰ第 2 課	きっかけ	薬を飲んだら、元気になりました。
		発見	うちに帰ったら、猫がいなかった。

こったことを表す。

　例　薬を飲んだら、元気になります。

　　　カーテンを変えたら、部屋が明るくなった。

　　　（『みんなの日本語 中級Ⅰ　翻訳・文法解説　中国語版』第 2
　　　課）

　以上で、中国でよく使われる３つの教科書における事実条件文の用法
の導入を見た。３つの教科書では、事実条件文はだいたい初級の後半や

中級の前半から少しずつ導入されている。初級・中級レベルの学習者は日本語に対する認識はまだほとんどわからない状態であるため、教科書における文型の適切な説明や大量の例文の提示がさらに大切になると考えられる。学習者はレベルが上がるにつれ、複雑な事実条件文の用法が導入されている。新しい用法を導入する際に、すでに習得した用法をコラムとして整理し、用法を対比させたり、各用法の間の関連を説明するなどの工夫をするとよいと思われる。

6　おわりに

　本研究は中国語母語話者による事実条件文の習得について考察した。学習者は事実条件文の使用に特徴と問題点が見られた。学習者には日本語母語話者のように事実条件文を使う傾向が見られなかった。また、学習者は事実条件文を使う際、誤用しやすい傾向がある。特に、中国語母語話者は、英語母語話者と韓国語母語話者より事実条件文の誤用例が多く見られた。

　また、調査結果を踏まえて、中国語母語話者による事実条件文の誤用の原因を分析した。教科書における用法の説明の不足が事実条件文が習得されにくくなる原因の一つであると考えられる。

　学習者の事実条件文の使用状況を調査した際に、収集した用例数が少数であったため、今回は十分な考察ができなかった。今後、違うコーパスを試して調査を行いたいと思う。

第6章

『YNU 書き言葉コーパス』による中国語母語話者の事実条件文の使用状況に関する調査

1　はじめに

　従来の研究によると、日本語の事実条件文は中国語では「条件文」とされていない。それゆえ、事実条件文は中国語母語話者にとって習得が難しいと考えられる。孟（2015b）では『KY コーパス』を使って会話における中国語母語話者の事実条件文の使用状況を調査した。本研究は『YNU 書き言葉コーパス』を利用して作文における事実条件文の使用状況を調査する。本研究はまず、中国語母語話者と日本語母語話者の使用状況を比較する。日本語母語話者が事実条件文を使用しているが中国語母語話者は使用していない文脈に対して考察を行う。次に、中国語母語話者による事実条件文の各用法の使用状況および形式の使用の特徴を考察する。考察した結果、中国語母語話者は事実条件文の用法がほぼ理解できているが、日本語母語話者のように使っていない。文体や体裁によって形式を選択することができない。「たら」形式が多用される傾向

があり、形式の間違いが多かった。母語の干渉を受けて事実条件文の使用を避けている。また、習得できていない事実条件文の用法も見出された。

2　先行研究

　日本語の条件表現は従来多く研究されている。研究者によって分類の仕方が異なる。日本語記述文法研究会（2008）では、日本語の順接条件節が5つの基本的なタイプに分けられている。「仮説条件文」「反事実条件文」「一般条件文」「反復条件文」「事実条件文」である。事実条件文は以下のように定義されている。

　　条件文が、過去に1回の事態が成立したことを意味する場合がある。このような条件文を事実条件文という。
　　（258）箱を開けたら、中にハンカチが入っていた。
　　（259）ボタンを押すと、お釣りが出てきた。
　　このような事実条件は「たら」「と」によって表される。

日本語記述文法研究会（2008:108）

　また、前田（2009）では条件接続辞[10]の用法は15種類に分類されている。各用法は表2 14で示しているのように名づけられている。
　本研究で扱う事実条件文は前田（2009）では⑦から⑩に該当し、これ

---

10)　前田（2009：35）では、通常「条件を表す接続助詞」として扱われることの多い「ば」「なら」「と」「たら」が対象とされている。

表 2-14　前田（2009）による条件接続辞の用法の分類

条件的用法	仮定的		事実的	①「事実的な反事実条件文」
		反事実		②「反事実的用法」
		仮説		③「仮説的用法」
	非仮定的	多回的	事実的	④「事実的な仮説条件文」
			一般・恒常	⑤「一般条件文」
			反復・習慣	⑥「反復・習慣条件文」
		一回的	様々な状況 連続	⑦「連続」
			きっかけ	⑧「きっかけ」
			発現	⑨「発現」
			発見	⑩「発見」

非条件的	並列・列挙	⑪並列・列挙
	評価的用法	⑫評価的用法
	終助詞的用法	⑬終助詞的用法
	後置詞的用法	⑭後置詞的用法
	接続詞的用法	⑮接続詞的用法

らがまとめられて「様々な状況を表す場合」と呼ばれている。本研究は「事実条件文」と呼ぶことにする。

　前田（2009）は事実条件文をさらに「連続」「きっかけ」「発現」「発見」の4つの用法に分けている。

　連続（⑦）とは、同一主体の連続する動作を表す。「と」「たら」が用いられる。

(260)　布団をかぶる<u>と</u>眠った。

(261)　布団をかぶっ<u>たら</u>眠ってしまった。

きっかけ（⑧）とは、異主体の連続する動作を表す。「と」「たら」が用いられる。

(262)　兄が殴る<u>と</u>、弟は泣き出した。

(263)　昨日この薬を飲ん<u>だら</u>、よく効きました。

発現（⑨）とは、前件の継続的状態が存在している時に後件が発生する場合である。「と」「たら」が用いられる。

(264)　街を歩いている<u>と</u>、雨が降り出した。

(265)　本を読んで<u>いたら</u>、電話が鳴った。

発見（⑩）とは、前件の動作（主に視覚的動作）によって後件の状態を発見する場合である。「と」「たら」が用いられる。

(266)　机の上を見る<u>と</u>、本が置いてあった。

(267)　ドアを開け<u>たら</u>、父が倒れていた。

また、豊田（1979b）では後件の行われる時を表す「と」について述べられている。豊田（1979b）による「時」というのは、「前項が時を表し、後項がその時行われた動作・作用を表すものである」（p.92）と

いう。時を表す用法は、前項は時を表し、前項の主語の動作・作用が後項の主語に働きかけることはない。

　豊田（1979b）によれば「時」の意味の文の前項が大よそそのかたちによって 2 つに大きく分けられる。

①前項の動詞が「〜ている」と動作の継続を表しているもの。

②前項が「春になると」というように時を表す言葉で構成されているもの。

　②については前田（2009）で捉えられていない。

　本研究は前田（2009）の分類法に豊田による「時」②の用法を加えて、コーパスで収集した用例を 5 類に分類した上で、学習者による各用法の使用状況を考察する。

3　『YNU 書き言葉コーパス』について

　YNU 書き言葉コーパスとは、横浜国立大学において企画・実行された、日本語母語話者（30 名）と非母語話者（中国語母語話者、韓国語母語話者各 30 名）による、各種の書き言葉資料を集めたものである。同一人物に 12 種類のタスクを与えて書いてもらい、各母語別のグループ 360 編ずつ（12 タスク × 30 名）、計 1080 編の作文が収録されている。なお、中国語母語話者 30 名のレベルは、26 名が 1 級（N1）取得済である。

　YNU 書き言葉コーパスは作文コーパスであり、日本語母語話者と非母語話者（中国語母語話者と韓国語母語話者）に同じテーマと内容を与えて作文を書いてもらうようになっていることが YNU 書き言葉コーパ

スを選んだ理由である。母語別に、ある表現を対比させて調査しようと
考える場合、YNU 書き言葉コーパスを使用することによりはっきりし
た結果が出ることが、利点として挙げられる。また、学習者の使用状況
を充分に調査するためには話し言葉だけでなく、書き言葉の調査も必要
である。本書では中国語母語話者による事実条件文の使用状況を中心に
して考察している。調査する際、韓国語母語話者の用例も収集したが、
本章では比較による考察は行われていない。

4　母語別の使用状況の概観

　まず、YNU 書き言葉コーパスにおける事実条件文の使用状況を概観
する。表の縦軸に事実条件文の形式を、横軸にタスク番号を示してい
る。用例を収集する際に、「そしたら」「そうしたら」「すると」「そうす
ると」のような接続詞によって事実条件が表されている例文が多く現れ
た。これらは先行研究では典型的な事実条件文の形式とはされていない
が、事実条件関係を表しているため、本研究では対象例として扱われて
いる。また日本語母語話者による接続詞用例には「そしたら」「すると」
の2形式が現れたが、一方、中国語母語話者の用例にはさらに「そうし
たら」「そうすると」を加え、4形式が観察された。本研究は「そした
ら」「そうしたら」を「たら」系接続詞を、「すると」「そうすると」を
「と」系接続詞と呼ぶことにする。得られた事実条件文の用例数を形式
ごとにまとめて表2-15と表2-16に示す。

　次の表から、日本語母語話者と比べると、中国語母語話者のほうが事
実条件文の使用が多いことがわかる。形式ごとに見ると、中国語母語話

表 2-15　中国語母語話者による事実条件文の使用状況

	T1	T2	T3	T4	T5	T6	T7	T8	T9	T10	T11	T12	合計
たら	3	2	0	1	2	1	0	10	0	0	0	12	31
と	1	0	5	1	2	0	0	1	0	0	0	10	20
そしたら／そうしたら	0	0	0	0	0	0	0	1	0	0	0	2	3
すると／そうすると	0	0	0	0	0	0	0	0	0	0	0	7	7
合計	4	2	5	2	4	1	0	12	0	0	0	31	61

表 2-16　日本語母語話者による事実条件文の使用状況

	T1	T2	T3	T4	T5	T6	T7	T8	T9	T10	T11	T12	合計
たら	0	1	0	0	1	0	0	13	0	0	0	0	15
と	0	0	2	0	1	1	0	0	0	0	0	15	19
そしたら／そうしたら	0	0	0	0	0	0	0	1	0	0	0	0	1
すると／そうすると	0	0	0	0	0	0	0	0	0	0	0	15	15
合計	0	1	2	0	2	1	0	14	0	0	0	30	50

者は「たら」の使用が多い。日本語母語話者は「と」系接続詞を多用しており、すべて T12 に現れる。「と」は中国語母語話者と日本語母語話者の使用数はほぼ変わらない。

　T12 を見ると、中国語母語話者の用例にはすべての形式が現れ、特に「たら」の用例数が多いのに対して、日本語母語話者は「と」と接続詞「すると」の２形式だけ使っている。そして、中国語母語話者の用例

表 2-17　中国語母語話者による事実条件文各用法の使用状況

	T1	T2	T3	T4	T5	T6	T8	T12	合計
連続	0	0	0	0	1	0	8	4	13
きっかけ	0	0	0	1	2	0	0	19	22
発見	4	2	2	0	0	1	1	4	14
発現	0	0	0	0	0	0	0	2	2
時	0	0	3	1	1	0	3	2	10
合計	4	2	5	2	4	1	12	31	61

表 2-18　日本語母語話者による事実条件文各用法の使用状況

	T2	T3	T5	T6	T8	T12	合計
連続	0	0	0	0	6	6	12
きっかけ	0	0	2	1	0	14	17
発見	1	1	0	0	5	0	7
発現	0	0	0	0	3	9	12
時	0	1	0	0	0	1	2
合計	1	2	2	1	14	30	50

は 8 つのタスクに分布している一方で、日本語母語話者の用例は 6 つの
タスクに分布している。中国語母語話者は日本語母語話者が使用してい
ない文脈でも事実条件を使用していることがわかった。一方、T12 で
は日本語母語話者は特定のシーンで事実条件文を使用している。それに
対して中国語母語話者はその特定のシーンで事実条件文はほとんど使っ
ていない。以上の結果を踏まえ、本章は特定文脈における用例を分析

154

し、中国語母語話者による使用の特徴を探る。以下、本書による事実条件文の用法分類基準に基づき、収集された用例を「連続」「きっかけ」「発見」「発現」「時」に分類した。用法別に用例数を示すと表 2 -17 と表 2 -18 のようになる。

次節では次の 4 点から考察を行う。

① 日本語母語話者が事実条件文を使用しておらず、中国語母語話者が事実条件文を使用している文脈。（T1）
② 日本語母語話者が「と」（「すると」）または「たら」（「そしたら」）形式一方しか使用していない文脈。（T8 と T12）
③ 日本語母語話者が事実条件文を使用している T12 の特定のシーン。
④ 中国語母語話者による事実条件文の各用法の習得および形式使用の特徴。

5 　考察

ここでは前節で取り上げた 4 点から考察を行っていく。

① 日本語母語話者が事実条件文を使用しておらず、中国語母語話者が事実条件文を使用している文脈

中国語母語話者の T1 と T4 に事実条件文が現れた。このうち T4 については特に問題が見られなかったため、T1 だけを取り上げることにする。また、T2 は T1 とほぼ同じ内容であり、ただ依頼する相手だけが違うので、T1 と T2 をペアにして観察する。まず、T1 と T2 のテー

マを紹介する。

T1 のテーマ

　あなたが借りたいと思っている『環境学入門』という本が図書館にはなく、面識のない田中先生の研究室にあることがわかりました。レポートを書くためにはどうしてもその本が必要です。田中先生にそのことをメールでお願いしてください。

T2 のテーマ

　あなたが借りたいと思っている『環境学入門』という本が図書館にはなく、仲の良い鈴木さんが持っていることがわかりました。レポートを書くためにはどうしてもその本が必要です。鈴木さんにそのことをメールでお願いしてください。

出所：『YNU 書き言葉コーパス』〔金澤編（2014）〕

　T1 を観察した結果、中国語母語話者の 30 編作文には事実条件文が 4 例あった。一方、日本語母語話者の作文には事実条件文の用例はなかった。（表 2-15 と表 2-16 を参照）日本語母語話者は事実条件文「た

表 2-19　T1 における形式の使用状況

	たら	と	たところ
中国語母語話者	3	1	6
日本語母語話者	0	0	12

ら」「と」のかわりに「たところ」を使っている。このような例は 12 例あった。形式の使用を表にまとめると表 2 -19 のようになる。

中国語母語話者による事実条件文「たら」「と」形式の用例

（268）「環境学入門」という本を読みたいですが、図書館にこの本がないので、宋から聞いたら、田中先生のところにあるのです。（C013_L）

（269）あいにく図書館には置いておらず、よく調べてみたら、先生の研究室に置いてあるようです。（C061_M）

（270）検索したら、図書館にはなく、先生の研究室にあるという結果が出ました。（C047_H）

（271）図書館のネットで調べると、この本は田中先生の研究室にあると考えられました。（C010_M）

中国語母語話者による「たところ」の用例

（272）図書館の検索システムで調べたところ、図書館にはないが、先生の研究室に一冊あると分かりました。（C006_M）

（273）本日図書館に「環境学入門」という本を借りに行ったところ田中先生の研究室に所蔵されているとお聞きしました。（C049_H）

日本語母語話者による「たところ」の用例

（274）授業のレポートを書くために必要なのですが、図書検索をしたところ先生の研究室にあるようでした。（J001）

表 2-20　T2 における形式の使用状況

	たら	と	たところ
中国語母語話者	2	0	1
日本語母語話者	1	0	0

（275）『環境学入門』という本を授業のために使いたいと考え、図書
　　　館で<u>探したところ</u>、田中先生の研究室にあることが分かりま
　　　した。（J003）

　T2 を観察した結果、中国語母語話者の 30 編作文には事実条件文が
2 例あった。日本語母語話者の 30 編作文には事実条件文が 1 例あった。
（表 2 -15 と表 2 -16 を参照）日本語母語話者は T1 では「たところ」を
多く使っているが、T2 では 1 例もなかった。中国語母語話者による
「たところ」の用例が 1 例見つかった。

中国語母語話者による事実条件文「たら」形式の用例
　（276）必要になって、図書館で<u>探したら</u>なかったの。（C047_H）
　（277）学校の図書館にあるものを借りようと思っ<u>たら</u>、貸出中のよう
　　　　で、どうしようかなとちょっと困っちゃって。（C058_H）

中国語母語話者による「たところ」の用例
　（278）今日は突然だけど、図書館に本を借りに<u>行ったところ</u>鈴木さん
　　　　が借りていることが分かって連絡したの。（C049_H）

日本語母語話者による「たら」形式の用例

(279)　さっき図書館行って借りようとしたんだけど、図書館にないらし
　　　　くて、友達に聞いたら鈴木が持っているって聞いたから、もし良
　　　　かったら貸して欲しいんだけど…。（J020）

　調査結果から、T1 では中国語母語話者は「たら」「と」を使ってい
るのに対し、日本語母語話者は「たところ」を使っていることが観察さ
れた。「たところ」については、益岡・田窪（1992）によれば、「と」形
と「たら」形は、すでに成立した個別的事態についての依存関係を表す
ことができる。類似した表現に、「述語タ形+「ところ」」があるとい
う。また、庵他（2001）では「たところ」は「事実的条件を表すも
の」[11] として扱われている。小池他（2002）では「たところ」は「偶然
確定条件」[12] を表す形式とされている。「たところ」が、どんな場面でも
「と」と「たら」に置き換えられるかはまた検討する必要があるのでは
ないかと思う。

(278)　（再掲）# 今日は突然だけど、図書館に本を借りに行ったとこ
　　　　ろ鈴木さんが借りていることが分かって連絡したの。（C049_

---

11)　庵他（2001）では、条件の中には後件が実現したことを表すものがある。これを
　　事実的条件という。事実的条件で使えるのは「と」「たら」である。前件の動作の結
　　果後件が起こった場合「たら」は使えるが「と」は使いにくい。この場合「たとこ
　　ろ」という言い方も使えるという。
12)　小池他（2002）によると、偶然確定条件は、前件の事態になったとき、たまたま
　　後件の事態が起こったり、そのような事態を目にすることをいう。「と」のほかに、
　　「たら」や「たところ」の形が用いられ、書き言葉などでは「ば」も使われる。

H)

（278）は学習者が書いた文である。この文を日本語母語話者に聞いて
みると少し不自然な文だそうである。「友人に対して堅苦しい言い方を
しているという印象で、やはり使うなら『たら』が自然だ」という話が
あった。日本語母語話者の用例を見ると、目上の先生に「たところ」を
使っているが、友達に「たところ」を使っておらず、代わりとして事実
条件文の「たら」を使っている。日本語母語話者は相手の立場、使用場
面（会話か作文か）などを配慮し、適切な形式を選択している。それに
対して、本調査の結果から、学習者はそういった点の習得はまだできて
いないことがわかった。

　T1 と T2 の考察では、日本語学習者は「たところ」を使うべき場面
では「たら」と「と」形式を用いていることが観察された。また、日本
語学習者による「たところ」の不自然な使い方が見られた。以上の結果
から、学習者は事実条件の各用法を学習したとはいえ、なかなか母語話
者のように自然な発話ができない。筆者は「たところ」の実際使用状況
を周りの日本語学習者に聞いてみた。「『たところ』を勉強したが、普段
使っていない」「『たら』と『と』をよく使っている、『たところ』はあ
まり使っていない」などの話を聞いた。学習したのになぜ使用できない
のかとその原因を考えてみた。教科書や参考書における指導の不足は習
得ができていない原因の 1 つのではないかと考える。たとえば、グルー
プ・ジャマシイ（1998）[13] では「たところ」の用法は詳しく書かれてい
るが、文体に注意するような記述はされていない。また、日本語記述文
法研究会（2008）[14] では「たところ」は書き言葉的であると述べている

が、話し言葉では全然使わないわけでもない。国立国語研究所によって開発された『話し言葉コーパス』を使って「たところ」で検索したところ、事実条件を表す用例がたくさん出てきた。「たところ」は会話においても使われる。たとえば、

(280) でえー越後湯沢の方に着いてからあのーまーまだ日が高かったのでまテニスでもしようかっていうことになってま一人千円も出せばコート借りれるだろうと思って探していたところあのーシーズンオフでとても暇らしく結局ただでコートを貸してもらえました。(独話・模擬　ID:S01M1614)

(281) でその中からのおーはっすつ発音しにくい単語を等を加えましたっていいますのは百七十単語を見たところおー意外と発音しにくい単語が少ないんじゃないかという気がしたんでそこのとこだけいちょっと意識的に加えた訳でございます。(独話・学会　ID:A01M0812)

考察①の結果から見ると、中国語母語話者は事実条件文の基本的な用

---

13)　グループ・ジャマシイ（1998）では「たところ」（順接）用法の説明が以下のように示されている。動作を表す動詞のタ形に付いて、後に続くことがらの成立や発見のきっかけを表す。前後にくる事柄には直接的な因果関係はなく「…したら、たまたま/偶然そうであった」という関係である。後に続くことがらは前の動作をきっかけに話し手が発見した事態で、すでに成立している事実の表現が用いられる。

14)　日本語記述文法研究会（2008）では助詞のつかない「ところ」には2つの用法があると述べている。そのうちの1つ用法は、従属節が動詞の過去形で、主節が従属節の動作による結果や発見を表す場合である。この用法は「たら」などを用いた事実条件文に近い。「ところ」は書き言葉的であるという。

法がほぼ習得できているが、基本用法の延長、いわゆる周辺的な用法は
まだできていない。上位群の学習者であっても習得ができていないこと
が観察された。そこで、どのように指導すれば学習者がより日本語母語
話者に近い文を作れるようになるかを考える必要があると思われる。

②日本語母語話者が「と」または「たら」の一方しか使っていない文脈
　表2-15で示したように、日本語母語話者が事実条件文を使用する際
に、形式の選択に偏りがある。ここでは、中国語母語話者のT8とT12
の作文を見る。
　T8を観察した結果、中国語母語話者の30編の作文には事実条件文
が12例あった。そのうち、「たら」形式は10例であり、「と」形式は1
例である。接続詞「そしたら」は1例であった。
　日本語母語話者の30編の作文には事実条件文が14例あった。「たら」
形式は13例であり、「そしたら」は1例である。

中国語母語話者の事実条件文の用例
　(282) が、翌日になると、目を覚めたら、なぜ病院にいたかと先輩は
　　　　不思議な顔をしたそうだ。(C006_M)
　(283) 早起きたら、ぜんぜん覚えてないって。(C013_L)
　(284) 鈴木先輩がテンション上がって、2曲歌ったら、ガチャーンと
　　　　倒れちゃった。(C061_M)
　(285) 俺も聞いた話だけど、なんか就職先の新入社員歓迎会で先輩に
　　　　飲まされて、ふらふらしながら、カラオケに行ったんだって。
　　　　そしたら羽目を外してわいわい騒ぎながら大熱唱したんだっ

T8のテーマ
友達と以下のケータイメールのやりとりをしました。

送信メール：ねえ、鈴木先輩が倒れた話、知ってる？
受信メール：へ、うそ！
　　　　　　教えて！！

　先日あなたのクラブの先輩がちょっとした事件に遭ったという話を聞きました。（4コマ漫画）。クラブの友達はその話を知りません。4コマ漫画を見て、どんな事件だったか友達に詳細をメールで教えてあげてください。漫画の主人公は鈴木先輩です。

出所：『YNU書き言葉コーパス』〔金澤編（2014）〕

て。（C048_H）

日本語母語話者の事実条件文の用例

(286)　で、目が覚めたら病院のベッドっていうね。（J005）

(287)　で、その後カラオケ行ったんだけど、鈴木先輩、歌ってたらお
　　　　酒がまわってきちゃったみたいで、気分悪くなって、倒れて急
　　　　救車で運ばれたらしいよ。（J017）

(288)　その後、2次会でカラオケとか行ってたらしいんだけど、そし
　　　　たら倒れたってさ。（J006）

T12 テーマ

あなたは、小学校新聞の昔話コーナーで、今の季節に合う昔話を書
いてほしいと頼まれました。新聞の発行が 7 月なので「七夕伝説」
のストーリーを書くことにしました。小学生にわかるように、どの
ような話か詳しく書いてください。

（★事前に母語による「七夕伝説」を読ませておく。）

出所：『YNU書き言葉コーパス』〔金澤編（2014）〕

　T12 を観察した結果、中国語母語話者の 30 編の作文には事実条件文が
31 例現れた。そのうち「たら」形式は 12 例であり、「と」形式は 10 例
である。「たら」系接続詞は 2 例であり、「と」系接続詞は 7 例である。

　日本語母語話者の 30 編作文には事実条件文が 30 例現れた。「と」形
式は 15 例であり、「すると」は 15 例である。

中国語母語話者の事実条件文の用例

(289) すると色々な所を探した<u>たら</u>、銀河の近くに「彦星」という牛の
お世話をして若い青年が見つかりました。(C047_H)

(290) でも、二人は毎日一緒にいる<u>と</u>、仕事がやらなくなった。
(C013_L)

(291) 仙人たちは不満に思い、神様に二人が怠けていることを話し
た。<u>そしたら</u>、神様が怒って、二人に罰を与えようと考え、年
一度の7月7日にしか会えように、織姫と牛郎をそれぞれ銀河
の西側と東側に置いた。(C058_H)

(292) 神々は天帝のところに文句を言いに行った。<u>そうすると</u>、天帝
はすごく怒って、二人に罰を与えた。(C043_M)

日本語母語話者の事実条件文の用例

(293) 二人を会わせる<u>と</u>、すぐにお互いを好きになり、二人は幸せに
結婚しました。(J004)

(294) 神様が川のそばを歩いている<u>と</u>一人の若者に出会いました。
(J009)

(295) そこで、天の神さまは、だれか良い人はいないかと探しに行き
ました。<u>すると</u>、「ひこぼし」という、とても働き者の男性を
見つけました。(J003)

T8とT12の考察を通して、日本語母語話者は事実条件文の形式の使
用上に傾向が見られた。T8は友人にメールするタスクである。相手は
友人なのでより話し言葉的な表現「たら」を使っている。T12は物語

を描写するタスクであるので、「と」または「すると」を使っている。一方、中国語母語話者の事実条件文の使用を見ると、T8 では形式の間違いはあまり見られなかったが、T12 では「たら」と「たら」系接続詞も使われており、形式的な間違いが見られた。

　T8 と T12 の共通点はストーリーについて描写するものである。ところが、事実条件文は文体や体裁の違いによって形式の使い分けが異なる。T8 と T12 の調査結果を通して、学習者は日常の場面では日本人のように事実条件文を使っているが、物語を語るとき、文体に相応しい形式の使用はできない。形式の使い分けは授業で習い、物語の文章も教科書に取り上げられている。それにしても、日本語学習者は実際に使うとき誤用や不自然な使用法をよくする。教師側が教える際に知識を伝えるほかに、運用の面も含め、学習者に知識を生かせるように工夫する必要があると思われる。

③日本語母語話者が事実条件文を使用している T12 の特定のシーン

　T12 の用例を観察するうち、日本語母語話者の事実条件文の用例が主に２つのシーンに現れていることに気づいた。ところが、中国語母語話者はその２つのシーンでは事実条件文をほとんど使っていない。

　シーン１：天の神様が彦星と偶然に出会ったシーン
　シーン２：織姫と彦星が出会って恋に落ちたシーン

シーン１の用例

日本語母語話者の用例

(296) お父さんが探していると、ひこ星と呼ばれる牛飼いがいて、その若者は一所懸命に働いており、お父さんはこの男こそおり姫にふさわしいと考えて、彼をおり姫の前に連れていきました。(J020)

(297) 天の神さまが天の川の川辺を歩いていると、ひこぼしという青年を見つけました。(J022)

(298) そこで、天の神さまは、だれか良い人はいないかと探しに行きました。すると、「ひこぼし」という、とても働き者の男性を見つけました。(J003)

中国語母語話者の用例

(299) 王様は娘にいい婿を探していると天の向こう側に住んでいる牛飼いという格好よく勤勉な青年を見つけた。(C006_M)

(300) 色々な所を探したら、銀河の近くに「彦星」という牛のお世話をして若い青年が見つかりました。(C047_H)

中国語母語話者はシーン１では、事実条件のかわりに以下のような表現を使っている。

(301) 彼女にふさわしい相手を探し始めました。結局、ギャラクシーの近くに牛を飼っている若い男性を見つかりました。(C005_M)

(302) だから玉帝は自ら人間社会へ飛び降りて捜しに捜した結果、あ

　　る農業に携る農民が見つかりました。（C012_L）

シーン２の用例

日本語母語話者の事実条件文の用例

　（303）二人を会わせると、すぐにお互いを好きになり、二人は幸せに
　　　　結婚しました。（J004）

　（304）おりひめとひこぼしを会わせると、２人はすぐに意気投合し、
　　　　仕事も放り出して、遊ぶようになりました。（J005）

　（305）２人は、会うとすぐに仲よしになり、結婚しました。（J006）

　（306）おりひめとひこぼしが初めて顔を合わせると、２人は一瞬でお
　　　　互いのことが気に入りました。（J007）

　（307）早速天の神様は彦星と織姫を会わせました。するとどうでしょ
　　　　う、２人はお互いに一目ぼれ。２人は大変仲良くなりました。
　　　　（J030）

中国語母語話者はシーン２では、事実条件のかわりに以下のような表現
を使っている。

　（308）神は「織女」と「牛郎」会わせたのです。二人は一目惚れに
　　　　なって、すぐ結婚したのです。（C013_L）

　（309）"織女"と"牛郎"最初に会ったときにも一目惚れになって、
　　　　お互いに好きになりました。（C036_L）

　（310）牛郎と織女とであった瞬間、すぐに愛し合った。（C050_L）

　日本語母語話者の使用と比較し、中国語母語話者の使用に以下のような問題点が取り上げられる。

　問題点①　シーン１は天の神様が彦星と偶然に出会ったシーンである。日本語母語話者の用例には「天の神様は歩いていると……彦星を見つけた。」のような「発現」用法を使って描写しているものが多かった。一方、中国語母語話者の使用を見ると、「天の神様は探したら……彦星が見つかった」のような「きっかけ」用法で表現されたり、事実条件文を使わず、代わりに「結果」「結局」「時」「瞬間」など語彙で表されたりしている。

(297)（再掲）天の神さまが天の川の川辺を歩いていると、ひこぼしという青年を見つけました。(J022)

(300)（再掲）色々な所を探したら、銀河の近くに「彦星」という牛のお世話をして若い青年が見つかりました。(C047_H)

(301)（再掲）彼女にふさわしい相手を探し始めました。結局、ギャラクシーの近くに牛を飼っている若い男性を見つかりました。(C005_M)

(302)（再掲）だから玉帝は自ら人間社会へ飛び降りて捜しに捜した結果、ある農業に携る農民が見つかりました。(C012_L)

(309)（再掲）織女” と “牛郎” 最初に会ったときにも一目惚れになって、お互いに好きになりました。(C036_L)

(310)（再掲）牛郎と織女とであった瞬間、すぐに愛し合った。(C050_L)

　問題点②　シーン２では事実条件文を使わず、２つの文によって表さ
　　　　　　れている。

(308)（再掲）神は「織女」と「牛郎」会わせたのです。二人は一目
　　　　惚れになって、すぐ結婚したのです。(C013_L)
(311)"天神"はチャンスを作り、二人を会わせた。二人はお互いに
　　　　一目惚れで恋に落ちた。(C033_H)

　日本語の事実条件文は中国語に訳すといろいろな訳し方がある。たと
えば、「…的结果」「…的时候」に訳されることがある。中国語母語話者
が母語の影響を受け、直感で（直接翻訳手段で文型のかわりに語彙を使
うこと）文章を書くと（301）（302）（309）（310）のような文章を産出
しがちであると筆者は自身の経験を踏まえて内省した。

6　中国語母語話者による事実条件文の各用法の習得および 形式使用の特徴

　前節では特定文脈における中国語母語話者の事実条件文の使用状況を
考察した。「４母語別の使用状況の概観」では、本書による事実条件文
の用法分類基準に基づいて得られた用例を「連続」「きっかけ」「発見」
「発現」「時」に分類している。本節では、各用法の習得における問題点
を述べる。また、日本語母語話者の使用と比較し、中国語母語話者によ
る形式の使用に見られた特徴を論じる。

6.1 「連続」用法の習得

「連続」の用例を観察したところ、中国語母語話者による誤用例が見出された。特に「たら」形式の誤用が多かった。

(312) よく考えたら、「じゃ、毎年の 7 月 7 日、二人を会わせしょうか」と決意しました。(C022_L T12)

(313) 退院したらすぐ就職活動に取りくみ、他の人よりもっとやる気がでました。(C061_M T05)

蓮沼ほか（2001）によれば、「と」は同一主語の連続した動作をつなぐことができる。このような事実的条件文では「たら」は用いることはできないという。

6.2 「きっかけ」用法の習得

T12 のシーン 2 を考察した結果、日本語母語話者と中国語母語話者によるきっかけ用法に使用の差が見られた。日本語母語話者が事実条件文のきっかけ用法を使用している文脈では中国語母語話者は事実条件文を使っておらず、2 つの文章によって表現していることが観察された。

(306) （再掲）おりひめとひこぼしが初めて顔を合わせると、2 人は一瞬でお互いのことが気に入りました。(J007　T12)

(311) （再掲）"天神" はチャンスを作り、二人を会わせた。二人はお

　　互いに一目惚れで恋に落ちた。（C033_H T12）

　前田（2009）によれば、異主体による動作の連続であるきっかけ用法
では、前件が後件を引き起こすと言う因果関係を持つ。しかし、因果関
係が見られない場合もある[15]と述べている。（306）は前後文脈に因果関
係のない「きっかけ」用法である。筆者は孟（2015a）では日本語複文
と中国語複文の体系を対照した上で日本語の事実条件文が中国語複文に
おける位置づけについて論じている。中国語の「条件文」は前後文脈に
因果関係があることが特徴であるとされているため、こういう因果関係
のない場合は中国語では条件表現とされていない。それゆえ、中国語母
語話者が条件文と認識しにくく、それで習得ができていないと考えられ
る。

6.3　「発見」用法の習得

　タスクごとに見た結果、中国語母語話者は「発見」用法はほぼ習得が
できている。ただし、形式の間違いが見られた。第5節ではT1におけ
る事実条件文の使用状況を考察した。メールを送る相手は面識のない先
生なので、日本語母語話者は改まった表現「たところ」を使っている。

---

15)　因果関係が見られない場合の「きっかけ」用法は、前田（2009）では、次のよう
　　に述べられている。
　　　「時間の経過を表すことばがその後すぐに続く場合である。これらは、後件に現れ
　　る時間を表す言葉により、前件と後件の時間的前後関係が表面化して、因果関係が意
　　識されなくなる。ここで表されているのは事態間のきっかけ・契機（直前直後の動
　　作）である」という。

一方、中国語母語話者は友人にメールを送るとき「たところ」を使っている。先生へのメールでは「たら」が使われている。

6.4 「発現」用法の習得

収集した用例数を見ると、「発現」用法が中国語母語話者にあまり使われていないことがわかった。一方、日本語母語話者は多く使っている。（表 2 -17 と表 2 -18 を参照）特に T12 では 9 例が見かけた。すべて同じ場景を描写しているものである。

(314) 神様が川のそばを歩いていると一人の若者に出会いました。（J009 T12）

(315) 天の神さまがしばらく歩いていると、天の川の近くに、それはそれは真面目な青年がおりました。（J024 T12）

中国語母語話者は「発現」用法のかわりに語彙的な表現を使っている。その原因について第 5 節の考察ですでに述べているが、翻訳の仕方が多様で、語彙で表現できるため、中国語母語話者は母語の影響を受け、無意志的に回避してしまって使えなくなると考えられる。

6.5 「時」用法の習得

使用数を見ると、中国語母語話者は日本語母語話者より「時」用法を多く使っている。（表 2 -17 と表 2 -18 を参照）主に T3 図表を説明する

場面と T8 漫画 4 の描写で使っている。誤用はあまり見られず、学習者にとって定着しやすい用法と考えられる。

6.6　形式使用の特徴

　中国語母語話者の 12 タスク作文を観察し、形式の使用には特徴が見られた。

特徴①　「たら」「たら」系接続詞だけを使う学習者がいた。
　ID：C036 の学習者はすべてのタスクに「たら」「たら」系接続詞を使って事実条件文を表している。

特徴②　学習者は「と」形式より「たら」形式を多用する傾向がある。
　中国語母語話者による「たら」形式の使用数の合計は日本語母語話者の使用より 2 倍近く多い。（表 2 -15 と表 2 -16 を参照）特に T12 では形式の誤用が多かった。

特徴③　図表を説明する場合に事実条件文が使われる。
　T3 はグラフの内容を説明する文章を書くテーマである。日本語母語話者は一般条件文を使っているのに対し、中国語母語話者は事実条件文を使っている。

　（316）このグラフを見ると 2004 年に 10 万台売れていたデジタルカメ
　　　　　ラが、 2 年間にかけて徐々に減り、2006 年には 6 万台にまで

　　　　落ちていることが<u>わかる</u>。（J002　T3）

(317)　グラフ全体を見る<u>と</u>、2004年からA社のデジタルカメラの販
　　　　売台数がだんだん減少し、2004のピーク100千台から2006の
　　　　60千台に下がった<u>とわかった</u>。（C033_H T3）

特徴④　物語を語る際に形式が間違っている。

　T12は七夕伝説の物語を書くテーマである。日本語母語話者は「と」
または「すると」を使って場面を描写している。一方、中国語母語話者
は「たら」「と」両方使っている。また「たら」のみを使う学習者もい
る。ID：C042、C048の学習者はT12では「たら」「と」両方を使って
いる。ID：C022、C046、C058の学習者は「たら」「そしたら」形式しか
使っていない。

特徴⑤　「そうすると」「そうしたら」が使われている。

　T8とT12では日本語母語話者も中国語母語話者も接続詞を使って事
実条件を表している。日本語母語話者は「すると」と「そしたら」を
使っているが、中国語母語話者は「そうすると」「そうしたら」も使っ
ている。

7　おわりに

　本章は話し言葉コーパス調査に引き続き、書き言葉コーパスを利用して中国語母語話者による事実条件文の使用状況について調査を行った。本章はまず、事実条件文を収集して中国語母語話者と日本語母語話者の使用状況を比較した。次にその結果を踏まえて中国語母語話者は事実条件文を使用しているが、日本語母語話者は使用していない文脈、日本語母語話者は事実条件文を使用しているが中国語母語話者は使用していない文脈、T12 における特定の2つのシーンについて考察を行った。また、中国語母語話者による事実条件文の各用法の習得および形式の使用について考察を行った。その結果、中国語母語話者は事実条件文の用法がほぼ理解できているが、日本語母語話者のように使っているわけではない。教科書や参考書の説明によってカバーされていない事実条件文の習得はできていない。中国語母語話者は作文の体裁によって形式の判断に間違いがある。また、日本語母語話者が「きっかけ」と「発現」用法を多用しているシーンにおいては中国語母語話者は代わりの表現を使っている。中国語母語話者が事実条件文を回避して使わない原因の一つは母語の干渉を受けた結果だと考えられる。また、教材の内容が不十分な点も習得が難しい要因の一つなのではないかと思われる。教材だけでなく、学習者の習得を上達させ、より日本人に近い発話ができるために教師側はどのように指導すればいいか特に工夫する必要があることも示唆される。

第7章

『I-JAS』調査による事実条件文に関する研究

1 はじめに

「第1章 従来の研究における事実条件文の捉え方」では、事実条件文が条件文とされない説を取り上げた。鈴木（2009）では、「過去の一回的な事態連続、事実関係を述べている文」（p.84）は条件文とされていない。「事実関係を表す文」と呼ばれている。また、庵（2012）は鈴木（2009）と同じ立場に立つ。庵（2012:215）によれば、「『〜と』『〜たら』には次のように条件を表さないものがあります」という。

(318) 窓を｛開けると／開けたら｝、富士山が見えた。

(319) 太郎は部屋に｛入ると／？？入ったら｝、すぐに電気をつけた。

また、李（2011）によれば、事実条件文の前件と後件が条件関係というより事態連続的な時間的順序を表すという。そのため、事実条件文は

時間表現とは関連があると思われる。本研究は『I-JAS』を使って同一
場面における事実条件文と時間表現の文を収集し、日本語学習者による
使用状況を日本語母語話者と比較して、日本語学習者による使用の特徴
を考察する。

2　調査の概要

　本章では、国立国語研究所によって開発された『多言語母語の日本語
学習者横断コーパス』[16]を使用した。データの収集については、まず、
検索機能を使って事実条件文と時間表現が多用されているタスクを見出
して調査タスクを決めた。検索機能を使って表示されるデータは短い文
章であるが、タスク全体のデータを考察するため、『I-JAS 関連資料』
も利用した。『I-JAS』では日本語母語話者と 12 言語の異なる母語の学
習者に対して調査し、データ収集が行われている。本研究は、日本語母
語話者 50 人と日本語学習者 200 人[17]（内訳は中国本土 50 人・台湾 50
人・オーストラリア 23 人・アメリカ 27 人・韓国 50 人）合計 250 人を
調査の対象とし、ST1 と SW1 の 2 タスクを考察した。なお、ST1 と
SW1 は、「ピクニック」というストーリーのイラストを被験者に提示し
て「話す」と「書く」（PC で入力する）という形で収集されたデータ
である。図 2-8 にそのイラストを示す。

---

16)　英語の略称から「I-JAS」と呼ばれている。本章は、略称を使用する。

17)　本研究の調査対象となる日本語学習者はレベルが中級レベルであり、学習環境が
　　海外教室環境となる。

図2-8 ストーリー1（ST1とSW1）のイラスト「ピクニック」
出所：迫田ほか（2016）、p.99

3 調査と考察

3.1 各シーンにおける表現形式についての調査

収集したデータを見ると、調査対象者が各シーンを語る際に用いた表現形式は様々である。日本語記述文法研究会（2008）に基づき、形式の

　分類を行った。なお、調査対象者の使用に事実条件文と時間表現以外の表現形式が観察された。本研究は、それらも含めて扱っている。ストーリー 1 の描写に現れた表現形式を表 2 -21 のようにまとめた。

　以下、表 2 -21 に基づき、調査対象者によるストーリー 1 における 5 つのシーンで使われている表現形式を整理し、使用率を出す。そのうちのシーン 1 とシーン 3 については、対象例が少ないため、本研究はシーン 2、シーン 4 とシーン 5 を考察する。シーンごとに調査対象者の使用状況をまとめたものを次の表 2 -22、表 2 -23、表 2 -24 に示す。

　表 2 -22 を見ると、シーン 2 では、日本語母語話者は時間表現と事実条件文を両方使っているが、事実条件文の使用率が低い。期間を表す時間表現「間に」「すきに」が多く、全体の半分以上（「間に」「すきに」を合わせて 58％）を占めている。一方、学習者のデータを見ると、時間表現は使われているが、事実条件文は使われていない。中国語母語話者と韓国語母語話者は時点を表す時間表現「時」を最も多く使っている。英語母語話者は様態節の形式「ながら」を最も多く使っている。用例を示すと以下のようになる。

（320）二人でー、地図でー相談してる<u>間に</u>、ペットの犬がー、バスケットの中に入り込んでしまいました。（JJJ02-ST1）

（321）ケンとマリが地図を見ている<u>と</u>、んバスケットの中に、い犬がは入ってしまいました。（JJJ12-ST1）

（322）彼らは地図を見ている<u>ときに</u>犬がバスケットに入りました。（CCM31-SW1）

（323）全部作った後、ケンとマリが地図を見てる<u>時に</u>犬がバスケット

表 2-21　ストーリー 1 に現れる表現形式の分類

順接条件節・事実条件文		と
		たら
時間節	同時	時（時に、時は、時には）
		際（際に、際は、際には）
		ころ（ころに、ころは、ころには）
		瞬間（瞬間に、瞬間は、瞬間には）
	期間	間（間に、間は）
		うち（うちに、うちは）
		最中（最中に）
		すきに
	前後関係の「まえ」類	まえ
	前後関係の「あと」類	あと（あとで、あとに）
		てから（てからは）
		とたん（とたんに）
		なり
	状況	たところ
		なか
等位節		て形
		が、けれど
様態節		ながら
		まま
接続表現		すると

表 2-22　シーン 2 における各表現形式の使用状況

日本		中国語圏				英語圏		韓国	
日本 (JJJ) 50 人	使用率	中国本土 (CCM) 50 人	使用率	台湾 (CCT) 50 人	使用率	オーストラリア (EAU)23 人 アメリカ (EUS)27 人 合計 50 人	使用率	韓国 (KKD) (KKR) 50 人	使用率
間	42%	時	54%	時	53%	ながら	25%	時	39%
すきに	16%	うち	14%	間	10%	時	22%	間	24%
と	8%	間	3%	うち	8%	間	12%	うち	8%
時	6%	すきに	2%	途中	2%	て形	2%	途中	5%
たところ	4%	ながら	2%	て形	1%	たら	1%	際	4%
うち	3%	なか	1%			なか	1%	なか	2%
たら	1%	て形	1%					が、けれど	2%
		途中	1%					最中	1%
								すきに	1%
								て形	1%
合計	80%	合計	78%	合計	74%	合計	63%	合計	87%
そのほか	20%	そのほか	22%	そのほか	26%	そのほか	37%	そのほか	13%
全体の合計	100%	全体の合計	100%	全体の合計	100%	全体の合計	100%	全体の合計	100%

の中に入りました。（KKD14-SW1）

(324) 地図を見ながら、ペットの犬はバスケットに入りました。
　　　（EAU03-ST1）

表 2 -23 を見ると、シーン 4 では、日本語母語話者は事実条件文を時

表2-23　シーン4における各表現形式の使用状況

日本		中国語圏				英語圏		韓国	
日本 (JJJ) 50人	使用率	中国本土 (CCM) 50人	使用率	台湾 (CCT) 50人	使用率	オーストラリア (EAU)23人 アメリカ (EUS)27人 合計50人	使用率	韓国 (KKD) (KKR) 50人	使用率
と	51%	時	33%	時	38%	時	24%	時	24%
たところ	14%	て形	16%	たら	15%	て形	13%	と	7%
すると	9%	と	15%	と	10%	たら	9%	瞬間	7%
たら	8%	たら	9%	て形	9%	と	6%	たら	7%
とたん	5%	とたん	6%	瞬間	5%	あと	3%	とたん	6%
時	3%	あと	3%	あと	3%	が、けれど	3%	が、けれど	4%
瞬間	1%	なり	1%	とたん	2%	瞬間	2%	て形	4%
途中	1%	たり	1%	まえ	1%	てから	1%	あと	2%
		まま	1%			たところ	1%	たところ	2%
								なか	2%
								間	1%
								すると	1%
合計	92%	合計	85%	合計	83%	合計	62%	合計	67%
そのほか	8%	そのほか	15%	そのほか	17%	そのほか	38%	そのほか	33%
全体の合計	100%	全体の合計	100%	全体の合計	100%	全体の合計	100%	全体の合計	100%

間表現より多く使っている。事実条件文の使用率は全体割合の半分以上（「と」「たら」を合わせて59％）を占めている。一方、学習者は事実条件文より時間表現のほうを多く使っている。特に、「時」類時間表現を多用している。また、「て形」の使用率も高い。日本語母語話者に使用

されていないため、「て形」の使用は学習者の特徴だと考えられる。

(325) 二人がバスケットを開ける<u>と</u>、犬がバスケットの中から飛び出
　　　てきました。(JJJ11-ST1)

(326) お昼ご飯を食べようとバスケットを開け<u>たら</u>、中から犬が飛び
　　　出してきました。(JJJ15-SW1)

(327) バスケット（バスケット）を開けた（あけた）<u>時</u>、犬は、バ
　　　ス、うー犬は、その中から飛びました。(CCT05-ST1)

(328) バスケットを開け<u>て</u>、犬がバスケットから出ました。
　　　（EUS15-SW1)

　シーン５の調査結果には、シーン４と重なるところがある。ただし、
シーン５では、日本語学習者は「時」類の形式の使用率が低くなる。ま
た、韓国語母語話者は日本語母語話者の使っていない「が、けれど」を
使っている。

(329) バスケットの中を見る<u>と</u>先ほど作ったはずのサンドイチ（サン
　　　ドイッチ）や、果物食べ物が全部食べられてしまってます。
　　　(JJJ09-ST1)

(330) 二人はバスケットを見<u>て</u>、サンドイッチはもう犬を食べまし
　　　た。(CCM41-SW1)

(331) バスケットの中に見<u>て</u>、犬ちゃんが前に二人が準備した食べ物
　　　の全部を食べてしまいました。(EAU15-SW1)

(332) 驚いたケンとマリはバスケットの中を見ました<u>が</u>、やはり食べ

表 2-24　シーン 5 における各表現形式の使用状況

日本		中国語圏				英語圏		韓国	
日本 (JJJ) 50 人	使用率	中国本土 (CCM) 50 人	使用率	台湾 (CCT) 50 人	使用率	オーストラリア (EAU)23 人 アメリカ (EUS)27 人 合計 50 人	使用率	韓国 (KKD) (KKR) 50 人	使用率
と	33%	と	13%	と	8%	て形	6%	たら	10%
たところ	5%	て形	7%	て形	4%	と	5%	と	8%
すると	1%	たら	3%	たら	3%	時	2%	が、けれど	8%
たら	1%	時	2%	が、けれど	1%	たら	2%	て形	2%
						あと	1%		
合計	40%	合計	25%	合計	16%	合計	16%	合計	28%
そのほか	60%	そのほか	75%	そのほか	84%	そのほか	84%	そのほか	72%
全体の合計	100%	全体の合計	100%	全体の合計	100%	全体の合計	100%	全体の合計	100%

　　物は全部犬が食べてしまったのです。（KKD07-SW1）

3.2　母語別による使用状況の考察

　ここでは、日本語母語話者と日本語学習者の使用実態を考察する。まず、日本語母語話者から見ていく。

　日本語母語話者による事実条件文の特徴はシーン 2 において考察された。シーン 2 では、日本語母語話者は事実条件文と時間表現を両方使っているが、事実条件文の使用率が低い。

(333) ケンとマリは、地図を見ていると、犬がバスケットの中に入って（はいって）きました。(JJJ14-ST1)

(334) 今日の行き先を、二人で、地図で確認していると、え、犬がバスケットに入ってしまいました。(JJJ57-ST1)

(335) 地図を見て、どこへ行こうかと話している間に、バスケットの中に、子犬が、入りました。(JJJ07-ST1)

　前田（2009）では、事実条件文は 4 種の用法に分類されている。そのうちの「発現」とは、「前件に継続中の動作が来て、その最中に一回性の後件が偶発的に起こることを述べる場合を指す」（p.85）と定義されている。また、日本語記述文法研究会（2008）では、「発現」については、「従属節の主体が主節の事態を発見するという意味を表す」（p.109）と述べられている。また振り返ってシーン 2 を見てみよう。シーン 2 では、「ケンとマリは地図を見ている。その間に犬がバスケットに入っていた」という場面が描かれている。日本語記述文法研究会（2008）による「発現」の記述に基づくと、（333）と（334）は発現の文ではないと判断する。その理由は、二人が地図を見ることに集中しているので、犬の行動に気づかなかったはずだと推測できる。そのため、「従属節の主体が主節の事態を発見する」という点がこの文では成立しないと考えられる。以上の理由から、シーン 2 では、事実条件文があまり使われていないと解釈できるであろう。表 2-22 の調査結果を踏まえて見ると、このような場面では、時間表現を使うほうが相応しいと考えられる。シーン 2 の考察を通して、事実条件文の「発現」は従属節の主体に制約がある。従属節の主体が主節の事態の発見者でなければ文は成

り立ちにくいことがわかった。一方、時間表現ならば主節と従属節の主体の一致性に対しては制約がない。

　また、シーン2では、日本語母語話者による「たら」の用例も見られた。

(336) ちょっと待って、ピクニックに、行くのに、地図を開いてみていたら、犬が、その隙にごはんを食べに来ました。（JJJ39-ST1）

　蓮沼（1993）では、事実条件文の「たら」と「と」の違いが述べられている。蓮沼（1993）によれば、事実的な「たら」は、前件の事態が成立した状況において、後件の事態を話し手が実体験的に認識するといった関係を表す場合に使用される。事実的な「と」は、前件の事態が成立した状況における後件の事態の成立、あるいは、それに対する認識の成立を話し手が外部からの観察者の視点で語るような場合に使用される。シーン2では、事件の参与者はケン、マリと犬である。物語を語る人、いわゆる調査対象者は第三者の立場で〔蓮沼（1993）による「外部からの観察者の視点で」〕事件を述べている。ということで、シーン2で強いて事実条件文を使おうとする場合は、「たら」より「と」のほうがよい。ところが、今回の調査では、日本語母語話者のデータに「たら」が使われているものも観察された。

　以上をまとめると、日本語母語話者は典型的な「発現」ではない使い方（事実条件文の周辺的な表現）もしている。そして、物語を語る際に、「と」を使うべきところが「たら」を用いて表現されていることか

ら、日本語母語話者による事実条件文の形式の使用に揺れが見られた。

　日本語学習者による使用状況を調査した結果、いずれのシーンにおいても日本語学習者の事実条件文の使用率が低い。特に、日本語母語話者が事実条件文を多用しているシーン 4 においては、学習者はかわりに時間表現の「時」類の形式を使っている。

（337）お昼ごはんを食べようとバスケットのふたを開ける<u>と</u>、犬がぴょんと飛び出してきました。（JJJ19-SW1）

（338）目的地についたら、バスケットを開けた<u>とき</u>、犬が飛び出した。（CCM23-SW1）

（339）バスケットを開ける<u>時</u>、犬が飛び出巣と（飛び出すと）逃げました。（EUS24-SW1）

（340）二人がバスケットの中を開けた<u>とき</u>、そこから犬が出ました。（KKD18-SW1）

　この結果を踏まえて、事実条件文の習得は中国語を母語とする日本語学習者に限らず、ほかの言語の日本語学習者にとっても難しいと推測される。

　また、日本語学習者は母語別による使用形式の特徴が考察された。中国語母語話者は「時」類の表現を多用している。シーン 2 とシーン 4 では、ほかの言語の母語話者より使用率が高いと考察された。また、英語母語話者はシーン 2 では、「ながら」を多く使っていることが考察された。この場面で「ながら」の使用は誤用である。

（324）（再掲）地図を見ながら、ペットの犬はバスケットに入りました。（EAU03-ST1）

　シーン2の場面では、「ながら」の使用は特定の人でなく多数の英語母語話者に使われているので、「ながら」の使用は英語母語話者に限って見られる特徴である。

　また、日本語学習者による「て形」と「が、けれど」の不自然な使用も観察された。〔用例（328）（330）（331）（332）参照〕。「第5章『KYコーパス』による中国母語話者の事実条件文の習得に関する調査と考察」では、中国語母語話者による事実条件文の使用の問題点を取り上げた。「問題点②　用法の誤用」では、以下のような誤用例を挙げている。

CS02　この前テレビで、〈ええ〉あのー聞いたら、テレビ見たらあのーひとりの学生がねもう4年生なんですけど、〈はーは〉図書館には2度しかはいらなかったとかー、
　　　（「この前（テレビで）聞いたのだけれど」）

CA01　急に言われたらわからなくなった。
　　　（「たら」を使って不自然である。「急に言われてわからなくなった。」）

　これらの用例は、「が／けれど」、「て形」を使うべきであるが、事実条件文の「たら」を使っている。今回の『I-JAS』による調査では、事実条件文の形式を使うべき場面で「が／けれど」や「て形」を使っていること観察された。この結果を踏まえ、「時」の多用や「ながら」の誤

用を加えて考えてみると、日本語学習者が事実条件文と関連のある表現と、用法の区別が理解できていないことが示唆されている。以上で取り上げている日本語学習者による不自然な使い方や誤用が学習者が母語に当てはまる表現をそのままに使うことによって生じたものではないかと考える。日本語学習者は母語の"負"の影響を受けることで事実条件文の習得が難しくなってしまうといえる。

4　まとめ

　本研究は、『I-JAS』を用いて、日本語母語話者と日本語学習者を対象とし、同一場面のストーリーを説明する際に使われる表現形式について調査と考察を行った。その結果、日本語母語話者は事実条件文だけを使っているわけではなく、事実条件文の周辺的な表現も使っている。日本語学習者は母語別によって使用形式の特徴が見られた。考察を通して、日本語学習者が事実条件文とその周辺的な表現との区別が理解できていないことがわかった。これらの誤用は日本語学習者が母語の影響を受けて生じた結果だと推測する。今回の調査結果を踏まえて、事実条件文が中国人日本語学習者に限らず、ほかの言語の日本語学習者にとっても習得が難しい項目であると考えられる。さらに、日本語母語話者によるシーン 2 での使用状況の考察を通して、事実条件文と時間表現の関係が一層明確になった。事実条件文の「発現」は従属節の主体に制約がある。一方、時間表現は主節と従属節の主体の一致性に対しては制約がない。また、日本語母語話者は物語を語る際に、「と」を使うべきところに「たら」を使っている。日本語母語話者による事実条件文の形式の使

用に揺れが見られた。

第8章
『中日対訳コーパス』による「たら」
形式条件文の中国語訳に関する調査

1 はじめに

　5章と6章では、それぞれ『KY コーパス』と『YNU 書き言葉コーパス』を用いて会話と作文の場面で中国人日本語学習者の事実条件文の使用状況を調査した。その結果、接続の間違いや用法の誤用・回避など様々な問題点が考察された。調査の結果を通して、中国人日本語学習者は事実条件文が完全に習得ができたわけではなく、事実条件文は中国人日本語学習者にとって習得が難しいと推測できる。第5章では、中国でよく使われている日本語教科書を3つ取り上げて、事実条件文の解説の部分を見てきた。3つの教科書のいずれも事実条件文についての説明が不十分であった。それゆえ、教科書による解説や指導の不足が事実条件文が習得しにくくなる原因の一つだと考えられる。また、事実条件文が中国語で訳されない場合が多いと筆者は考える。これも、中国人日本語学習者が事実条件文を上手に使えない原因の一つと推測する。本章で

は、『中日対訳コーパス』を使って、小説における事実条件文を対象と
して中国語訳の調査を行う。事実条件文は中国語で表されると無標形式
になる場合が多いことを検証したい。なお、李・張（2013）では、『中
日対訳コーパス』を用いて、「と」形式の条件文について調査が行われ
た。本章では、「たら」形式の条件文の調査を行う。また、李・張
（2013）による調査結果を踏まえて結論を述べる。

2　先行研究

2.1　李（2011）による日本語と中国語における「条件文」の範囲

　李（2011）では、中国語の条件文の分類は日本語の条件文の分類と大
きく異なることが指摘されている。日本語の事態連続を表す表現は中国
語では条件形式として扱われていないそうである。
　李（2011）では、中国語の複句の意味的分類は条件的・非条件的に分
けられて、次の表のように示されている。

表 2-25　李（2011）による中国語の複句の意味的分類

中国語の条件文	一般的条件
	仮定文
	非仮定条件 （前件が事実文）
	理由文
中国語非条件文	事態連続構文
	並列文

表 2-26　李（2011）による日本語の条件文の分類

			前件	後件	
条件的	一般的条件	一般的	（不問）	（不問）	ト・バ・タラ
		習慣的	事実	事実	ト・バ・タラ
	非一般的条件	非仮定条件	事実	未実現	ト・バ・タラ
			事実	反事実	ナラⅠ・ト・バ・タラ
		仮定条件	未実現	未実現	ナラⅡ・ト・バ・タラ
			反事実	反事実	ト・バ・タラ
タクシス的	事態連続性	動作の連続	事実	事実	ト・タラ
		発現	事実	事実	ト・タラ
		発見	事実	事実	ト・タラ
		きっかけ	事実	事実	ト・タラ

　また、李（2011）は、前田（1991）と蓮沼ほか（2001）を参照して、条件的・タクシス的立場から日本語の条件文を分類している。

　表 2-25 を表 2-26 に対照して見るとわかるように、日本語の条件文におけるタクシス性を持つ事実条件文は中国語では条件文とされていない。事実条件文は日本語と中国語においては捉え方が違う。これは中国語を母語とする日本語学習者にとって事実条件文の習得を難しくする大きな原因なのではないだろうか。

2.2　李・張（2013）による「と」条件文の中国語訳の調査

　日本語の事実条件文は「と」「たら」によって表される。「と」「たら」は日本語の事実条件文においてマークとして働いていると言える。中国

語の複句では関連詞がマークに相当すると言える。李（2011）によれば、中国語の複句は基本的に日本語の条件形式もしくは接続詞に当たる関連詞によって条件関係を表すという。

（341）彼は部屋に入ると、帽子を取った。

　　　　（他一进屋，就把帽子摘下来了。）

（李（2011）　例（427））

　しかし、中国語の複句では関連詞を用いずに条件関係を表す場合もある。たとえば、以下で示している日本語の事実条件文に対応する中国語の訳文には条件関係を表す関連詞がない。

（342）もう一度地下道へはいったら、こんどは阪急電車の乗り場に
　　　　持って行かれてしまったのである。

　　　　（于是重新钻回地道，结果这回被带到了阪神电车站。）

（中日対訳コーパス，井上靖『あした来る人』）

　本研究は、上のような事実条件文に対応する中国語訳に関連詞を持たない、いわゆる無標形式の例文の出現率を調査することを目的とする。李・張（2013）ではト形式条件文とそれに対応する中国語訳の対応関係が関数検定の方法で考察されている。その結果として、無標形式 [p, q] がト形式条件文の「動作連続」と関連度が一番強い。また、「発見」「契機」の場合、無標形式 [p, q] に訳される傾向もあると述べられている。

3　考察

　李・張（2013）における調査を踏まえて、「たら」形式の条件文について調査を行った。中日対訳コーパスを使って 16 作品を選び[18]、「たら」条件文について 673 例が得られた。蓮沼ほか（2001）と李・張（2013）に基づき、「たら」条件文を意味的に 6 種類に分類した。李・張（2013）における意味分類が 7 種であるが、蓮沼ほか（2001）と李・張（2013）によれば、「たら」形式によって「動作の連続」という用法が表現されにくいとあるため、本調査では「動作の連続」という用法は扱っていない[19]。

---

18)　作品は発表年代順に並べている。

井上靖　　　 1955　『あした来る人』新潮文庫

三島由紀夫　1956　『金閣寺』新潮社

安部公房　　1962　『砂の女』新潮社

中根千枝　　1967　『タテ社会の人間関係』講談社

石川達三　　1968　『青春の蹉跌』新潮社

平川祐弘　　1969　『マッテオ・リッテ伝』平凡社

田中角栄　　1972　『日本列島改造論』日刊工業新聞社

中根千枝　　1972　『適応の条件』講談社

吉田茂　　　 1978　『激動の百年史』白川書院

村上春樹　　1987　『ノルウェイの森』講談社

村山孚、守屋洋　1987　『中国古典百言百話』PHP 研究所

俵万智　　　 1987　『サラダ記念日』河出書房新社

岡本常男　　1992　『心の危機管理術』現代書林

乙武洋匡　　1998　『五体不満足』講談社

『日本経済の飛躍的な発展』（書誌情報不明）

『ひとりっこの上手な育て方』（書誌情報不明）

　6 種類の意味分類は以下の通りである。

　意味分類：Ⅰ「仮定」　Ⅱ「反事実」　Ⅲ「一般」　Ⅳ「発見」　Ⅴ「出現」　Ⅵ「きっかけ」

　中国語の訳文を「たら」条件文の日本語原文に照らし合わせながら、中国語の訳文における関連詞を取った。673 例をまとめた上で、李・張（2013）における 9 パターンの分類法に基づき、劉ほか（1996）における中国語の複文の関連語句表を参照し、9 パターンの分類をさらに改良してみた。9 パターンに含まれていない関連詞は意味や形式が近いものを 1 つのパターンにまとめようと考えて、9 パターンの分類にさらに 4 パターンを増やし、13 パターンにした。

　中国語訳の 13 パターン[20] は以下のとおりである。

　中国語訳パターン：① ［p, q］　② ［(一) p, 就 q］　③ ［p 后, q］
④ ［p 时, q］　⑤ ［如果 p, q］　⑥ ［一旦 p, q］　⑦ ［既然 p, q］　⑧
［只要 p, q］　⑨ ［每当 p, q］　⑩ ［果真 p, q］　⑪ ［即使 p, q］　⑫
［就算 p, 但是 q］　⑬ ［直訳ではない］

　6 種類の意味分類と 13 種の中国語訳パターンの組み合わせを表で表すと表 2‐27 のようになる。

---

19)　李・張（2013）は蓮沼・有田・前田（2001）に基づいて事実条件文を分類している。そのため、本研究では蓮沼・有田・前田（2001）で扱われていない「時」の例文は対象外ものとしている。

　表 2-27 を見ると、事実条件文「発見」「出現」「きっかけ」の 3 つの分類の中国語訳の 13 パターンには① ［p，q］に訳される割合が一番高い。つまり、「たら」で表される日本語の事実条件文には中国語における無標形式によって表現される場合が一番多いことがわかった。関連詞はマークとして文中で意味の理解を補助する役割をしていると考えられる。無標形式の文には関連詞というマークが付いていないので、前件と後件が表す意味によって文の全体の意味を把握するしかない。文を理解するために頭の中で部分から意味を整理し、全体まで統合するという複雑なプロセスを組み立てている。中国の小学校の国語の授業で教師が文型を教える際に、一般的には関連語句から導入する。中国人の小さい子供にとって無関連詞の文は複雑な表現とされる。中国人日本語学習者（特に初級・中級のような日本語の勉強をはじめたばかりの中国人日本

---

20)　中国語訳パターンを次の 13 種類に分類した。

　①「p，q」：無標形式

　②（一）p，就 q："p，就 q"、"p，便 q"、"一 p，q"、"一 p，就 q"、"一 p，便 q"

　③ p 后，q："p 以后，q"、"p 后，q"、"p 后，就 q" など。

　④ p 时，q："p 时，q"、"p 的时候，q"

　⑤如果 p，q："（如果/假如/如/要是）p，q"、"（如果/假如/如/要是）p，就 q"、"（如果/假如/如/要是）p 的话，q"、"（倘若/若）p，就 q" など。

　⑥一旦 p，q："一旦 p，q"、"一旦 p，就 q"、"一旦 p 后，就 q" など。

　⑦既然 p，q："既然 p，q"、"既然 p，就 q"、"既然 p，那么 q"

　⑧只要 p，q："只要 p，q"、"只要 p，就 q"、"只要 p 以后，q" など。

　⑨每当 p，q："每次 p，就 q"、"每当 p，就 q"、"每当 p 的时候，就 q"

　⑩果真 p，q："果真 p，q"

　⑪即使 p，q："即使 p，q"、"即便 p，也 q"

　⑫就算 p，但是 q："就算 p，但是 q"

　⑬直訳ではない：直訳ではない例。たとえば：「何、それ？勉強だっ<u>たら</u>、私も負けないわよ。」（"是什么？是学习吗？我会比你更用功。"）

表 2-27　「たら」条件文の意味分類と中訳パターンの組み合わせ

中国語訳＼意味分類	仮定	反事実	一般	発見	出現	きっかけ
① p，q	126 例 22.82%	5 例 8.77%	2 例 13.33%	5 例 45.45%	7 例 63.64%	15 例 55.56%
②（一）p，就 q	43 例 7.79%	1 例 1.75%	6 例 40.00%	3 例 27.27%	1 例 9.09%	4 例 14.80%
③ p 后，q	28 例 5.07%					2 例 7.41%
④ p 时，q	16 例 2.90%		1 例 6.67%	2 例 18.18%	1 例 9.09%	2 例 7.41%
⑤如果 p，q	239 例 43.30%	43 例 75.44%	1 例 6.67%			2 例 7.41%
⑥一旦 p，q	19 例 3.44%		2 例 13.33%			
⑦既然 p，q	6 例 1.09%					2 例 7.41%
⑧只要 p，q	15 例 2.72%	1 例 1.75%				
⑨毎当 p，q			3 例 20.00%		1 例 9.09%	
⑩果真 p，q	1 例 0.18%					
⑪即使 p，q	1 例 0.18%	1 例 1.75%				
⑫就算 p，但是 q	1 例 0.18%					
⑬直訳ではない	57 例 10.33%	6 例 10.54%		1 例 9.10%	1 例 9.09%	
合計	552 例 100%	57 例 100%	15 例 100%	11 例 100%	11 例 100%	27 例 100%

語学習者）が日本語を習う際、無意識的に中国語と対照して文型を覚えることが多く見られる。中国語では無関連詞となる日本語の文型は中国人日本語学習者にとって複雑な表現と考えられるだろう。そのため、学習する際に、理解できず、運用する際にうまく使えなかったり、避けて使わなかったりするようになってしまう。

4　まとめ

　以上、中日対訳コーパスを使って「たら」形式の条件文に対応する中国語訳を調査し、13 訳パターンを示した上で、訳し方を数量的に見た。その結果、事実条件文の「発見」「出現」「きっかけ」用法が「たら」形式の条件文の中で無標形式に訳される割合が一番高いことが考察された。李・張（2013）による「と」条件文の考察結果を合わせ、事実条件文に対応する中国語訳には無標形式が一番多いことがわかった。これは、中国語を母語とする日本語学習者は事実条件文を習得する際に、理解できないことが、うまく使えない主な原因の一つであると考えられる。

第 3 部

結論

終章
結論と今後の課題

　本書では、現代日本語における条件表現のうちの事実条件文について先行研究を踏まえ、新たな分類法を提案した。また、コーパスを使って日本語学習者と日本語母語話者の用例を分析し、書き言葉場面と話し言葉場面における事実条件文の使用状況を考察して使用の特徴や問題点などを述べた。最後に、これまでの論考をまとめ、今後の課題を述べたい。

１．事実条件文の捉え方および分類法の再検討

　本書の第１章では先行研究における条件文についての記述を取り上げ、従来の研究による事実条件文の捉え方を確認した。従来の研究では、「窓を開けると／開けたら、風が入ってきた」のような文を条件文とするかどうかについて見解の相違がある。本書は、上で挙げた文を事実条件文として捉えている。

　本書における立場を明確にした上で、第２章では先行研究による事実条件文の分類方法を検討した。豊田（1978、1979a、1979b、1982）、蓮

沼ほか (2001)、日本語記述文法研究会 (2008)、前田 (2009) の 4 説を
取り上げ、各説による用法の分類を比較して一致と相違を論じた。4 説
は「連続」と「きっかけ」の分類基準については、豊田 (1982) と蓮沼
ほか (2001) は観点が近づく。前件と後件に因果関係の有り無しによっ
て「連続」と「きっかけ」を区分している。一方、日本語記述文法研究
会 (2008) と前田 (2009) は前件と後件に主体の異同によって「連続」
と「きっかけ」を分けている。因果関係があるかないかによる分類基準
では、カバーされない用法があるため、本研究は主体の異同によって
「連続」と「きっかけ」を分ける立場を取る。「発見」については、前田
(2009) は豊田 (1979a) を踏まえて述べているため、両者の観点がほぼ
一致しているが、前田 (2009) はさらに「と」と「たら」の違いも言及
している。蓮沼ほか (2001) では、ほかの説で「発現」とされる用法も
発見の用法とされている。本論は、前田らの論を参考にし、「本を読ん
でいると、電話が鳴った」のような「前件の最中に、後件が起こった」
のようなものを「発現」とし、もとの「発見」用法と区別する立場をと
る。また、「発現」については、日本語記述文法研究会 (2008) と前田
(2009) は形式の違いによって「発見」と区別して捉えているが、蓮沼
ほか (2001) は「発現」を「発見」の一種と捉えている。また、豊田は
「発現」を「時」を表す文の一つタイプとしている。豊田による「時」
を表す文には前田 (2009) と日本語記述文法研究会 (2008) では取り上
げていないものがある。先行研究を踏まえ、本研究は、前田 (2009) と
日本語記述文法研究会 (2008) と同じ立場をとって事実条件文を「連
続」「きっかけ」「発見」「発現」に分類する。また、豊田 (1979b) を
踏まえ、前田 (2009) と日本語記述文法研究会 (2008) で取り上げてい

ない「時」を加え、事実条件文を以下の５つに分類する。

①連続とは、同一主体の連続する動作を表す場合である。
②きっかけとは、異主体の連続する動作を表す場合である。
③発見とは、前件の動作によって後件の状態を発見する場合である。
④発現とは、前件の動作や状態の最中に後件の動作が発生する関係を表す場合である。
⑤時とは、前件が時を表す言葉、または時を意味するもので、後件がその時行われた動作・作用を表す場合である。

２．事実条件文「と」「たら」形式の特徴

　第４章では、『BCCWJ』コーパスを使って、日本語母語話者が書き言葉の場面における事実条件文の各用法の使用状況を考察した。特に、事実条件文の「連続」、「きっかけ」文について、前件と後件に現れる述語の数量的な分布と意味的な性質の傾向を分析し、「と」と「たら」の特徴を述べた。その結果、「と」は「たら」より、「連続」と「きっかけ」の文で多用される傾向が見られた。前件と後件に因果関係がない場合の「連続」文では、ほぼ「と」が用いられている。また、「と」が用いられる前、後件に因果関係がある「連続」文の前件述語動詞に感覚動詞、思考動詞が多いことが観察された。「たら」の特徴については、「たら」によって表される因果関係がある「連続」文には、後件が受身のかたちになるものが多い。また、「きっかけ」文の考察を通して、「と」は、「A

が（Bに／を）〜すると、Bが〜した。」のようなかたちの事実条件文
ではよく用いられ、「たら」は「Aが（Bに／を）〜すると、Bが〜
なった。」のようなかたちの事実条件文でよく用いられると考えられる。
また、レジスター調査も行った。「と」はどのような場面でも使うが、
特に紙媒体で書き言葉としてよく用いられる。一方、「たら」はネット
媒体でくだけた書き言葉や話し言葉としてよく使われる傾向が見られ
た。

3．日本語母語話者による事実条件文の使用

　第4章『BCCWJ』コーパスの考察では、「連続」の文を前件と後件に
因果関係の有無によって「因果関係あり」と「因果関係なし」とに分
け、それぞれの使用状況を数量的に統計した。その結果、前件と後件に
因果関係がない場合に用いられないはずとされる「たら」の用例も観察
された。

　(215)（再掲）今日東京についたらまずご飯を多少食べました
　　　　（OY14_51416）
　(216)（再掲）私は日本に行ったら、伊勢神宮や明治神宮、そして靖
　　　　國神社に参拝し、一月二日には皇居参賀をしました（LBl2_
　　　　00021）

　第7章では、『I-JAS』を使って、日本語学習者と日本語母語話者に
よる同一場面における事実条件文と時間表現の使用状況を比較して考察

208

を行った。その結果、日本語母語話者は事実条件文だけを使っているわけではなく、事実条件文の周辺的な表現も使っている。（用例 321）また、物語を語る際に、「と」を使うべきところに「たら」を使っている。（用例 336）

(321)（再掲）ケンとマリが地図を見ていると、んバスケットの中に、
　　　い犬がは入ってしまいました（JJJ12-ST1）
(336)（再掲）ちょっと待って、ピクニックに、行くのに、地図を開いてみていたら、犬が、その隙にごはんを食べに来ました（JJJ39-ST1）

『BCCWJ』と『I-JAS』コーパスの考察の結果を通して、日本語母語話者による日常的に産出された事実条件文に形式の使用の揺れがあることがわかった。

4 .日本語学習者による事実条件文の習得

第 5 章では、『KY コーパス』を使って中国語母語話者、英語母語話者と韓国語母語話者を対象にし、話し言葉場面における事実条件文の習得について調査と考察を行った。日本語母語話者の使用と比較して日本語学習者の例文を考察した結果、日本語学習者は会話では事実条件文の使用に特徴と問題点が見られた。主な特徴として次の点を取り上げる。主節の述語動詞の時制は現在形となるような事実条件文の表し方は超級学習者に用いられている。主節の動詞が省略されており、直接後件にあ

たる部分がない事実条件文は日本語学習者に作られている。日本語母語話者の用例には「たら」「と」形式のかわりに接続詞「そしたら」「そうすると」によって事実条件が表されるものがあったが、接続詞で事実条件件を表すような用法は学習者にはあまり使われていない。また、資料の量が十分でないため、確実なことは言えないが、一人の学習者は一つの会話資料の中で、事実条件文としては「たら」「と」いずれか一つの形式のみ使用していて、両方の形式を使用しているケースはなかった。考察を通して見られた問題点については接続の間違いや用法の誤用、長文の中で適当な完結ができないことが挙げられる。また中国語母語話者による事実条件文の誤用は英語母語話者と韓国語母語話者より多く見られた。調査結果を踏まえ、教科書を調べ、中国人日本語学習者が事実条件文を上手に使えない原因を分析した。原因の一つとして、教科書の指導における問題点がある。中国でよく使われる 3 つの教科書を取り上げて分析したところ、用法の導入や用法の説明の仕方には不足が存在することが考察された。

　第 5 章では話し言葉場面における日本語学習者の事実条件文の使用を考察したが、収集した事実条件文の用例数が少なかったため十分な考察ができなかった。このため、ほかのコーパスで調べてみることにした。第 6 章は『YNU 書き言葉コーパス』を使って日本語学習者が書き言葉場面での事実条件文の習得を考察している。調査対象については、『KY コーパス』の考察結果を踏まえ、中国語を母語とする日本語学習者に限定している。考察した結果、中国語を母語とする日本語学習者は事実条件文の用法がほぼ理解できているが、文体や体裁によって形式を使い分けることができない。形式の誤用が多く見られた。たとえば、日

本語母語話者は形式の使用上に傾きがあり、物語を語る際に「と」を使っている一方、中国語母語話者は「と」「たら」を区分せずに使っている。また、収集した学習者の用例を分類し、各用法の習得を考察した。その結果、「連続」では形式の誤用が多かった。「きっかけ」では母語話者が事実条件文「きっかけ」用法を使用している文脈では学習者は事実条件文を使っておらず、代わりに語彙で表現したり、2つの文章によって表現したりしている。「発見」では、事実条件文の周辺的な用法「たところ」の誤用が見られた。「発現」の考察では、特定のシーンにおいて事実条件文の代わりに語彙的な表現を使っている。調査の結果を踏まえ、中国語を母語とする日本語学習者が事実条件文の習得できていない原因を分析した。用法・形式の多いことや母語の干渉により習得が難しくなる。また、教材の内容が不十分であることも習得が難しい要因の一つであるとも考えられる。

　過去の1回的な事態連続、事実関係を述べている日本語の事実条件文は、中国語では条件表現というより、時間表現に近いとされている。こういう事実条件文は時間表現との関連性によって、中国語を母語とする日本語学習者は両者を混用してしまう可能性があると推測している。そのため、第7章は『I-JAS』を使って実際の使用のデータを調査して考察を行った。中国語母語話者のほか、英語母語話者と韓国語母語話者の用例も分析した。日本語学習者と日本語母語話者による同一場面における事実条件文と時間表現の使用を比較して考察した結果、日本語母語話者は事実条件文を使用している文脈（シーン4）では、日本語学習者は「時」類時間表現を多用している。事実条件文と時間表現の混用、誤用が見られた。時間表現の形式のほかに「て形」の使用率も高かった

（シーン4、シーン5）。日本語母語話者に使われていないため、「て形」
の使用は日本語学習者の特徴であると言える。また、日本語学習者は母
語別による使用形式の特徴が見られた。日本語母語話者は「間」で表現
されている期間を述べる場面（シーン2）では、中国語母語話者は
「時」を使っており、英語母語話者は「ながら」を使っている。韓国語
母語話者は日本語母語話者の使っていない「が」（「けれど」）を使って
いる。今回の調査結果を踏まえると、事実条件文は中国人日本語学習者
に限らず、ほかの言語の日本語学習者にとっても習得が難しい項目であ
る。事実条件文を使うべき場面では日本語学習者が「時」「て形」「が」
（「けれど」）など代わりの表現を使っていることから、日本語学習者は
事実条件文とその周辺表現を使い分けることができないことがわかっ
た。以上で取り上げている日本語学習者による不自然な使い方や誤用が
学習者が母語に当てはまる表現をそのまま使うことによって生じたもの
ではないかと思う。日本語学習者は母語の"負"の影響を受けることで
事実条件文の習得が難しくなってしまうといえる。

5．日中対照から見る事実条件文

　第5章では、『KYコーパス』使って中国語母語話者の事実条件文の
使用を考察した結果を踏まえ、中国人日本語学習者が事実条件文を上手
に使えない原因について分析を行った。事実条件文は中国語で表される
と無標形式になる場合が多いということが原因の一つであると推測して
いる。それを検証するため、『中日対訳コーパス』を使って小説におけ
る条件文を対象として中国語訳の調査を行った。なお、李・張（2013）

では『中日対訳コーパス』を用いて「と」形式の条件文について調査が行われた。第8章は、李・張（2013）による調査結果を踏まえ、「たら」形式の条件文を対象に調査を行った。『中日対訳コーパス』を使って「たら」形式の条件文に対応する中国語訳を調査し、13訳パターンを示した上で、訳し方を数量的に見た。その結果、事実条件文の「発見」「出現」「きっかけ」用法が「たら」形式の条件文の中で無標形式に訳される割合が一番高いことが考察された。李・張（2013）による「と」条件文の考察結果を合わせ、事実条件文に対応する中国語訳には無標形式が一番多いことがわかった。これは、中国語を母語とする日本語学習者は事実条件文を習得する際に、理解できなかったり、うまく使えなかったりする主な原因の一つであると考えられる。

6．今後の課題

　本書は複数のコーパスを使って日本語母語話者と日本語学習者は事実条件文をどのように使っているのかに焦点を当てて考察を行ったが、日本語母語話者を対象とする考察では書き言葉場面だけに限られている。今後、会話コーパスを使って話し言葉場面における日本語母語話者のデータを分析して考察を行いたい。

　日本語学習者による事実条件文の使用を考察した結果では、日本語学習者は、事実条件文を使うべきところをかわりに「時」「が／けれど」「て形」などを使っている。一方、「が／けれど」「て形」を使った方が自然であるところに、事実条件文の「たら」「と」を使っているという事実条件文とほかの表現との誤用が見られた。これは、日本語学習者

が、事実条件文と関連のある表現と用法の区別が理解できていないため使い分けることができないと考えられる。今後の課題としては、事実条件文と周辺の用法との関連を明確にしたい。さらに、日本語学習者の使用を考察することを通してこれまでの教授法に基づいて新たな試案を考え出す。また、その試案を教室活動に導入し、効果を検証しようと考えている。

参考文献

有田節子（2017）『日本語条件文の諸相　地理的変異と歴史的変遷』くろしお出版。

庵功雄（2012）『新しい日本語学入門　ことばのしくみを考える　第2版』スリーエーネットワーク。

庵功雄・高梨信乃・中西久実子・中山敏弘（2001）『中上級を教える人のための日本語文法ハンドブック』スリーエーネットワーク。

大槻文彦（1890）『語法指南（日本文典摘録）』（北原・古田（1996）収録）。

奥田靖雄（1986a）「条件づけを表現するつきあい・あわせ文―その体系性をめぐって―」『教育国語』87（むぎ書房）。

北原保雄・古田東朔（1996）『日本語文法研究書大成　語法指南』勉誠社。

工藤真由美（1995）『アスペクト・テンス体系とテクスト―現代日本語の時間の表現―』ひつじ書房。

久野暲（1973）『日本語文法研究』大修館書店。

クループ・ジャマシイ（1998）『日本語文型辞典』くろしお出版。

言語学研究会・構文論グループ（1985a）「条件づけを表現するつきそい・あわせ文（1）―その1・まえがき―」『教育国語』81（むぎ書房）。

言語学研究会・構文論グループ（1985b）「条件づけを表現するつきそい・あわせ文（2）―その2・原因的なつきそい・あわせ文―」『教育国語』82。

言語学研究会・構文論グループ（1985c）「条件づけを表現するつきそい・あわせ文（3）―その3・条件的なつきそい・あわせ文―」『教育国語』83。

言語学研究会・構文論グループ（1986）「条件づけを表現するつきそい・あわせ文（4）―その4・うらめ的なつきそい・あわせ文―」『教育国語』84。

小池清治・小林賢治・細川英雄・山口佳也（2002）『日本語表現・文型事典』朝倉書店。

参考文献

小木曽智信・中村壮範（2014）「『現代日本語書き言葉均衡コーパス』形態論情報アノテーション支援システムの設計・実装・運用」『自然言語処理』21。

国立国語研究所（1951）『現代語の助詞・助動詞―用法と実例―』国立国語研究所報告3。

国立国語研究所（1964）『現代雑誌九十種の用語用字　第3分冊』国立国語研究所報告25。

小林賢次（1996）『日本語条件表現史の研究』ひつじ書房。

サイティン（2019）「継起を表す「て」と「と」の使用状況について」『日本語文法』19巻1号 日本語文法学会。

坂倉篤義（1958）「仮定表現の変遷」『国語学』33。

坂倉篤義（1975）『文章と表現』角川書店。

坂倉篤義（1993）『日本語表現の流れ』岩波書店。

鈴木義和（2009）「条件文とは何か」『神戸大学文学部紀要』36。

鈴木義和（2015）「事実的条件文について」『神戸大学文学部紀要』42。

砂川有里子（2016）『コーパスと日本語教育』朝倉書店。

高橋太郎・金子尚一・金田章宏・齊美智子・鈴木泰・須田淳一・松本泰丈（2005）『日本語の文法』ひつじ書房。

高橋雄一・孟慧・凌飛（2018）「日本語学習者による「ところ」を含む機能語の習得について」『専修国文』102 専修大学日本語日本文学文化学会。

高見澤孟、ハント蔭山裕子、池田悠子、伊藤博文、宇佐美まゆみ、西川寿美（2004）『新・はじめての日本語教育1』アスク出版。

坪本篤郎（1993）「条件と時の連続性―時系列と背景化の諸相―」『日本語の条件表現』益岡隆志（編）1993 くろしお出版。

豊田豊子（1977）「「と」と「〜とき（時）」」『日本語教育』33。

豊田豊子（1978）「接続助詞「と」の用法と機能（Ⅰ）」『日本語学校論集』5。

豊田豊子（1979a）「発見の「と」」『日本語教育』36。

豊田豊子（1979b）「接続助詞「と」の用法と機能（Ⅲ）」『日本語学校論集』6。

豊田豊子（1982）「接続助詞「と」の用法と機能（Ⅳ）」『日本語学校論集』9。

豊田豊子（1983）「接続助詞「と」の用法と機能（Ⅴ）」『日本語学校論集』10。

豊田豊子（1985）「「と、ば、たら、なら」の用法の調査とその結果」『日本語教育』56。

中島悦子（2007）『条件表現の研究』おうふう。

永山勇（2009）『国文法の基礎』洛陽社。

仁田義雄（1987）「条件づけとその周辺」『日本語学』6‐9。

仁田義雄（1997）『日本語文法研究序説―日本語の記述文法を目指して―』くろしお出版。

日本語記述文法研究会（2008）『現代日本語文法6　第11部　複文』くろしお出版。

日本語記述文法研究会（2009）『現代日本語文法5　第9部とりたて・第10部主題』くろしお出版。

野田尚史・迫田久美子（2019）『学習者コーパスと日本語教育研究』くろしお出版。

野田尚志・益岡隆志・佐久間まゆみ・田窪行則（2002）『日本語の文法4　複文と談話』岩波書店。

迫田久美子・小西円・佐々木藍子・須賀和香子・細井陽子（2016）「多言語母語の日本語学習者横断コーパス」『国語研プロジェクトレビュー』6（3）：93-110。

蓮沼昭子（1993）「「たら」と「と」の事実的用法をめぐって」『日本語の条件表現』くろしお出版。

蓮沼昭子・有田節子・前田直子（2001）『日本語セルフマスターシリーズ7　条件表現』くろしお出版。

北京市工农教育研究室、北京人民广播电台（1981）《语文基础知识六十讲》第十二讲赵寿安北京出版社。

前田直子（1991）「条件文分類の一考察」『東京外国語大学　日本語学科年報』13。

前田直子（2009）『日本語の複文　条件文と原因・理由文の記述的研究』くろし

お出版。

益岡隆志（1993）「日本語の条件表現について」益岡隆志（編）『日本語の条件表現』くろしお出版。

益岡隆志（1993）「条件表現と文の概念レベル」益岡隆志（編）『日本語の条件表現』くろしお出版。

益岡隆志（1993）『日本語の条件表現』くろしお出版。

益岡隆志（1997）『複文』くろしお出版。

益岡隆志（2006）『シリーズ言語対照6　条件表現の対照』くろしお出版。

益岡隆志・田窪行則（1992）『基礎日本語文法―改訂版―』くろしお出版。

松下大三郎（1928）『改撰標準日本文法』中文館書店〔勉誠社（1974）復刊〕。

松下大三郎（1930）『標準日本口語法』中文館書店。

三上章（1953）『現代語法序説　シンタクスの試み』刀江書院〔くろしお出版（1972）復刊〕。

三上章（1972）『続・現代語法序説　主語廃止論』くろしお出版。

水野義道（1985）「接続表現の日中対照」『日本語教育』56。

南不二男（1974）『現代日本語の構造』大修館書店。

孟慧（2015a）『日本語の事実条件文についての日中対照と中国語母語話者の習得についての研究』修士論文専修大学。

孟慧（2015b）「中国語母語話者の日本語の事実条件文の習得について」『専修国文』97、専修大学日本語日本文学文化学会。

孟慧（2017）「上級の中国語母語話者による事実条件文の使用状況― YNU 書き言葉コーパスの調査を通して―」『専修国文』101、専修大学日本語日本文学文化学会。

孟慧（2020）『BCCWJ による事実条件文の述語動詞に関する調査と考察―「連続」、「きっかけ」を表す文を対象に―』『専修国文』106、専修大学日本語日本文学文化学会。

森岡健二・宮地裕・寺村秀夫・川端善明（1982）『講座日本語学11　外国語との対照Ⅱ』明治書院。

矢島正浩（2013）『上方・大阪語における条件表現の史的展開』笠間書院。

山田孝雄（1908）『日本文法論』宝文館。

山田孝雄（1922a）『日本文法講義』宝文館。

山田孝雄（1922b）『日本口語法講義』宝文館。

山田孝雄（1936）『日本文法学概論』宝文館。

吉川武時（2003）『形式名詞がこれでわかる』ひつじ書房。

李光赫（2011）『日中対照から見る条件表現の諸相』風詠社。

李光赫・張北林（2013）「関数検定から見たト条件文の日中対照研究」『国語学研究』52、東北大学大学院文学研究科「国語学研究」刊行会2013。

李在鎬・石川慎一郎・砂川有里子（2018）『新・日本語教育のためのコーパス調査入門』くろしお出版。

刘月华・潘文娯・故韡（著）相原茂（監訳）片山博美、守屋宏則、平井和之（共訳）（1996）『現代中国語文法総覧』くろしお出版〔劉月華ほか（1996）と表記〕。

渡辺実（1971）『国語構文論』塙書房。

参考資料

周平、陈小芬（2009）『新編日語（修訂本）1』上海外语教育出版社。

周平、陈小芬（2010）『新編日語（修訂本）2』上海外语教育出版社。

周平、陈小芬（2011）『新編日語（修訂本）3』上海外语教育出版社。

周平、陈小芬（2011）『新編日語（修訂本）4』上海外语教育出版社。

人民教育出版社、光村図書出版株式会社（2005）『新版中日交流標準日本語　初
　　級　上、下』人民教育出版社、光村図書出版株式会社。

人民教育出版社、光村図書出版株式会社（2008）『新版中日交流標準日本語　中
　　級　上、下』人民教育出版社、光村図書出版株式会社。

スリーエーネットワーク（1998）『みんなの日本語　初級 I　本冊』スリーエー
　　ネットワーク。

スリーエーネットワーク（1998）『みんなの日本語　初級 II　本冊』スリーエー
　　ネットワーク。

スリーエーネットワーク（2012）『みんなの日本語　初級 I　第 2 版　本冊』ス
　　リーエーネットワーク。

スリーエーネットワーク（2013）『みんなの日本語　初級 II　第 2 版　本冊』ス
　　リーエーネットワーク。

スリーエーネットワーク（2008）『みんなの日本語　中級 I　本冊』スリーエー
　　ネットワーク。

スリーエーネットワーク（2012）『みんなの日本語　中級 II　本冊』スリーエー
　　ネットワーク。

スリーエーネットワーク（1998）『みんなの日本語　初級 I　翻訳・文法解説
　　中国語版』スリーエーネットワーク。

スリーエーネットワーク（2012）『みんなの日本語　初級 I　第 2 版　翻訳・文
　　法解説　中国語版』スリーエーネットワーク。

スリーエーネットワーク（1999）『みんなの日本語　初級 II　翻訳・文法解説

中国語版』スリーエーネットワーク。

スリーエーネットワーク（2009）『みんなの日本語　中級Ⅰ　翻訳・文法解説
　　中国語版』スリーエーネットワーク。

スリーエーネットワーク（2012）『みんなの日本語　中級Ⅱ　翻訳・文法解説
　　中国語版』スリーエーネットワーク。

利用コーパス

『現代日本語書き言葉均衡コーパス』（BCCWJ）（検索アプリケーション「中納
　　言」）。

『日本語学習者の話し言葉を調査するタグ付き KY コーパス』。

金澤裕之編（2014）『日本語教育のためのタスク別書き言葉コーパス』ひつじ書
　　房。

『日本語話し言葉コーパス』（CSJ）「中納言」（検索アプリケーション「中納
　　言」）。

『多言語母語の日本語学習者横断コーパス』（I-JAS）（検索アプリケーション
　　「中納言」）。

『中日対訳コーパス』CD-ROM 版　第一版。

謝辞

　本書は令和2年度専修大学課程博士論文刊行助成を受けて刊行された
ものである。

　本書は令和2年3月に専修大学より課程博士学位を授与された博士学
位論文「コーパス調査による事実条件文についての研究」に加筆修正し
たものである。本書を完成することができたのは、多くの方々からのご
指導、ご支援の賜物である。指導教授の高橋雄一先生には授業科目に関
しては丹念にご教授いただき、研究に関しては多大なるご指導をいただ
いた。また、本書を執筆するにあたり、始終暖かいご指導と励ましをく
ださった恩師の高橋先生に心から感謝申し上げる。また、貴重なご助言
をいただき学位論文の副審査を務めていただいた丸山岳彦先生と鈴木泰
先生に改めて深く感謝申し上げる。丸山先生の授業ではコーパス言語学
についての知識を学び、演習を通してコーパスを用いる研究手法をしっ
かり身につけた。鈴木先生には研究会への参加の機会を与えていただい
た。大学院在学期間中、王伸子先生、備前徹先生、阿部貴人先生にも大
変お世話になり、授業や研究会で多大なご指導とご助言を賜った。この
機会に、先生方々に厚く御礼を申し上げる。

　本書の刊行のため、ご尽力をくださった専修大学出版局の真下恵美子
氏に対して深い感謝の気持ちを表す。

　最後にずっと支えてくれた両親にも感謝したい。

索　引

著者略歴

孟 慧（MENG HUI）

中国黒竜江省出身。専修大学大学院文学研究科博士後期課程修了。博士（文学）。
日本語学専攻。
2018年4月〜2020年3月 専修大学大学院任期制助手
2020年4月〜 専修大学兼任講師
主要論文：「中国語母語話者の日本語の事実条件文の習得について」（『専修国文』
専修大学日本語日本文学文化学会）、「上級の中国語母語話者による事実条件文の
使用状況—YNU書き言葉コーパスの調査を通して—」（『専修国文』専修大学日本
語日本文学文化学会）、「BCCWJによる事実条件文の述語動詞に関する調査と考察
—「連続」、「きっかけ」を表す文を対象に—」（『専修国文』専修大学日本語日本文
学文化学会）など。

装丁：尾崎美千子

日本語の事実条件文
——コーパス調査を中心に——

2021年2月26日 第1版第1刷

著 者 孟慧
発行者 上原伸二
発行所 専修大学出版局
〒101-0051 東京都千代田区神田神保町3-10-3
（株）専大センチュリー内
電話03-3263-4230（代）
印刷
製本 亜細亜印刷株式会社

©Meng Hui 2021 Printed in Japan
ISBN978-4-88125-360-1